神代文字と五十音図の真実

山本信夫

たま出版

はじめに

現在の定説では、中国から漢字が伝来するまで日本には文字がなかったとされていますが、本当にそうでしょうか？

日本では、古代から「太占《ふとまに》」とよばれる占いが行なわれていました。これは、鹿の肩の骨を焼いて、骨の割れかたを見て物事の吉凶を占う方法で、その際、骨に記号のようなものを書いて占った可能性は大いにあるので、私は、古代日本に文字がなかったと断言することはできないと思っています。

また、伊勢の神宮の書庫（神宮文庫）には、日本の古代文字である「神代文字《かみよもじ》」で書かれた文書が多数保管されているそうですし、他にも、紙だけでなく木や石に刻まれた古代の文字を保存している神社が多数あるそうです。

したがって、古代日本に文字がなかったという主張は間違っている可能性があります。この問題がもっと研究されることを願って、私はこれまでインターネット上に神代文字の情報を発信してきましたが、文献を調査する過程で五十音図の本質的な問題に気づき、そのことを記録に残すために本書を執筆することにしました。

ところで、文献調査をしていると、日本書紀のことを「日本紀」と表記している本を数多く見かけるのですが、これには理由があるそうです。

例えば、『日本紀講義　神代巻』（三崎民樹・他：著）という本によると、日本書紀という名称は、弘仁（平安時代初期）の頃から使われるようになったもので、これは文人たちの潤色作為（かざりわざ）であり、本来は「日本紀」が正しいと書かれています。

その証拠に、「続日本紀」、「日本後紀」などの歴史書は、もし日本書紀が正しい名称なら、「続日本書紀」、「日本後書紀」などとなるべきなのに、そうなっていないことを挙げています。

また、『古代研究　第二部　国文学篇』（折口信夫：著）という本にも、日本の歴史書は支那の歴史書の模倣であり、「漢書」百二十巻が最初に作られ、後に「漢紀」三十巻ができたように、「日本書」が最初にあって、それを縮めた「日本紀」が作られたはずであると書かれています。

そのため、著者の折口信夫氏は、日本書紀という名称は、歴史書の命名法をよく理解していない人がつけたもので、意味のないものであると断言しています。

そこで、本書がこの間違いを正す一助になればと思い、本文中の日本書紀を指す言葉として「日本紀」という表記を使うことにしますので、どうかご了承願います。

ちなみに、古事記や日本紀は漢字で書かれていますが、本来は訓読みすべきものだそうで、書名に関しても、古事記は「ふることぶみ」、日本紀は「やまとぶみ」と読まれていたそうです。

なお、この本を執筆するにあたり、次の本を参考にさせていただきましたので、関係する皆様に心から感謝を申し上げます。

『神字日文伝』（平田篤胤：著、一八一九年刊）

『皇朝原始訓蒙』（梅村正甫：著、香泉書房：一八七三年刊）
『掌中神字箋』（大国隆正：著、真爾園：一八七三年刊）
『上記鈔訳　歴史部』（吉良義風：抄訳、中外堂：一八七七年刊）
『五十音図説』（亀田鶯谷：著、一二三社：一八七八年刊）
『日本古代文字考』（落合直澄：著、吉川半七：一八八八年刊）
『日本紀標註』（敷田年治：著、小林林之助：一八九一年刊）
『心経講話』（岸和田天籟：著、岸和田天籟：一八九四年刊）
『国史大系　第七巻』（経済雑誌社：編、経済雑誌社：一八九八年刊）
『太占伝』（松本隆興：著、大日本帝国神占会：一九〇二年刊）
『作文活法』（土居通予：編、博文館：一九〇八年刊）
『日本紀講義　神代巻』（三崎民樹：著、皇典講究所国学院大学出版部：一九〇九年刊）
『国語学概論』（亀田次郎：著、博文館：一九〇九年刊）
『日本古代文字集』（粕谷正光：著、粕谷正光：一九一三年刊）

『いろはの話』（長谷宝秀：著、真言宗伝道会：一九一四年刊）
『動詞の組織』（大島正健：著、啓成社：一九一七年刊）
『音図及手習詞歌考』（大矢透：著、大日本図書：一九一八年刊）
『国語及朝鮮語のため』（小倉進平：著、ウツボヤ書籍店：一九二〇年刊）
『日本活語法』（谷垣勝蔵：著、隆文館：一九二〇年刊）
『神皇紀』（三輪義熈：著、隆文館：一九二一年刊）
『神宮文庫図書目録』（神宮司庁：編、神宮司庁：一九二二年刊）
『成実論天長点』（大矢透：編、培風館：一九二二年刊）
『上代神都高千穂研究資』（吉原平三郎：編、高千穂神蹟保存研究会：一九二四年刊）
『神道秘伝行事宝典』（山田照胤：著、神宮館伝習所：一九二五年刊）
『房総の偉人』（林寿祐：編、多田屋支店：一九二五年刊）
『日本古代語音組織考』（北里闌：著、啓光社出版部：一九二六年刊）
『日本古代語音組織考表図』（北里闌：著、啓光社出版部：一九二六年刊）
『日本語原』（井口丑二：著、平凡社：一九二六年刊）

『変態風俗の研究』（田中祐吉：著、大阪屋号書店：一九二七年刊）
『古事記』（藤村作：編、至文堂：一九二九年刊）
『仮名遣の歴史』（山田孝雄：著、宝文館：一九二九年刊）
『「五十音図」の根本研究』（日下部重太郎：著、ローマ字ひろめ会：一九二九年刊）
『古代研究　第二部　国文学篇』（折口信夫：著、大岡山書店：一九三〇年刊）
『紀記論究』（松岡静雄：著、同文館：一九三一年刊）
『寒川神社志』（寒川神社：編、寒川神社：一九三二年刊）
『皇祖皇大神宮御神宝の由来』（神宝奉賛会：一九三三年刊）
『ウヱツフミ』（神代文化研究会：編、神代文化研究社：一九三五年刊）
『日本古語大辞典』（松岡静雄：編、刀江書院：一九三七年刊）
『司法研究　報告書第二十一輯八』（司法省調査課：一九三七年刊）
『五十音図の歴史』（山田孝雄：著、宝文館：一九三八年刊）
『鹿児島県史　第一巻』（鹿児島県：編、鹿児島県：一九四〇年刊）
『朝鮮語学史』（小倉進平：著、刀江書院：一九四〇年刊）

『神代の日向』（神武養正講社：編、日向社：一九四一年刊）
『大日本国語辞典』（上田万年・松井簡治：共著、富山房：一九四一年刊）
『詳解漢和大字典』（服部宇之吉・小柳司気太：共著、富山房：一九四三年刊）
『日本語源』（賀茂百樹：著、興風館：一九四三年刊）
『柿本人麿』（斎藤茂吉：著、岩波書店：一九四八年刊）
『西洋占星術』（荒木俊馬：著、恒星社厚生閣：一九六三年刊）
『安曇川町史』（安曇川町史編集委員会：編、安曇川町：一九八四年刊）
『上記研究』（田中勝也：著、八幡書店：一九八八年刊）
『神代巻秀真政伝』（小笠原通当：原著、鳥居礼：訳註、東興書院：一九九一年刊）
『古神道の本』（学習研究社：編、一九九四年刊）
『定本　竹内文献』（武田崇元：著、八幡書店：一九九九年刊）
『天津教古文書の批判』（狩野亨吉：著、青空文庫：二〇〇六年公開）

これらの本は、一九四八年以前に出版されたものに関しては、『神代の日向』だけは国会図書館の端末からしか閲覧できませんが、それ以外の本は「国立国会図書館デジタルコレクション」というサイトにアクセスすることによって、自宅から無料で閲覧できます。

また、『西洋占星術』と『安曇川町史』は、国会図書館の端末または国会図書館に接続している各地の図書館の端末で閲覧可能であり、『天津教古文書の批判』は「青空文庫」というサイトにアクセスすることによって自宅から無料で閲覧できます。

最後に、本書では、原文をそのまま引用する場合には、歌謡およびカタカナの原字を表記する場合を除いて、原書の旧漢字を現代の文字に修正してあり、読み仮名は、一般的にカタカナで表記される単語を除いて、すべて「ひらがな」に統一してありますので、併せてご了承願います。

目次

第一章

太占と「とほかみゑみため」

占いといえば、西洋の占星術が有名ですが、『西洋占星術』（荒木俊馬：著）という本によると、その起源は古代メソポタミア文明までさかのぼることができ、その知識は巡り巡って古代ローマ帝国に伝わり、歴代のローマ皇帝は専属の占星術師を召し抱えていたそうです。

一方、古代の日本ではどうだったかというと、日本最古の歴史書である『古事記』（藤村作：編、底本：真福寺本）を読むと、神代の昔から行なわれていた占いとして「布斗麻迩《ふとまに》」というものが登場します。

ただし、日本紀では「太占」という漢字が使われていて、こちらの表記が一般的なので、以後は「太占」と書くことにします。

この太占は、『太占伝』（松本隆興：著）という本によると、鹿の肩の骨に次のような図形を描き、火にあぶってできた割れ目によって占ったそうです。

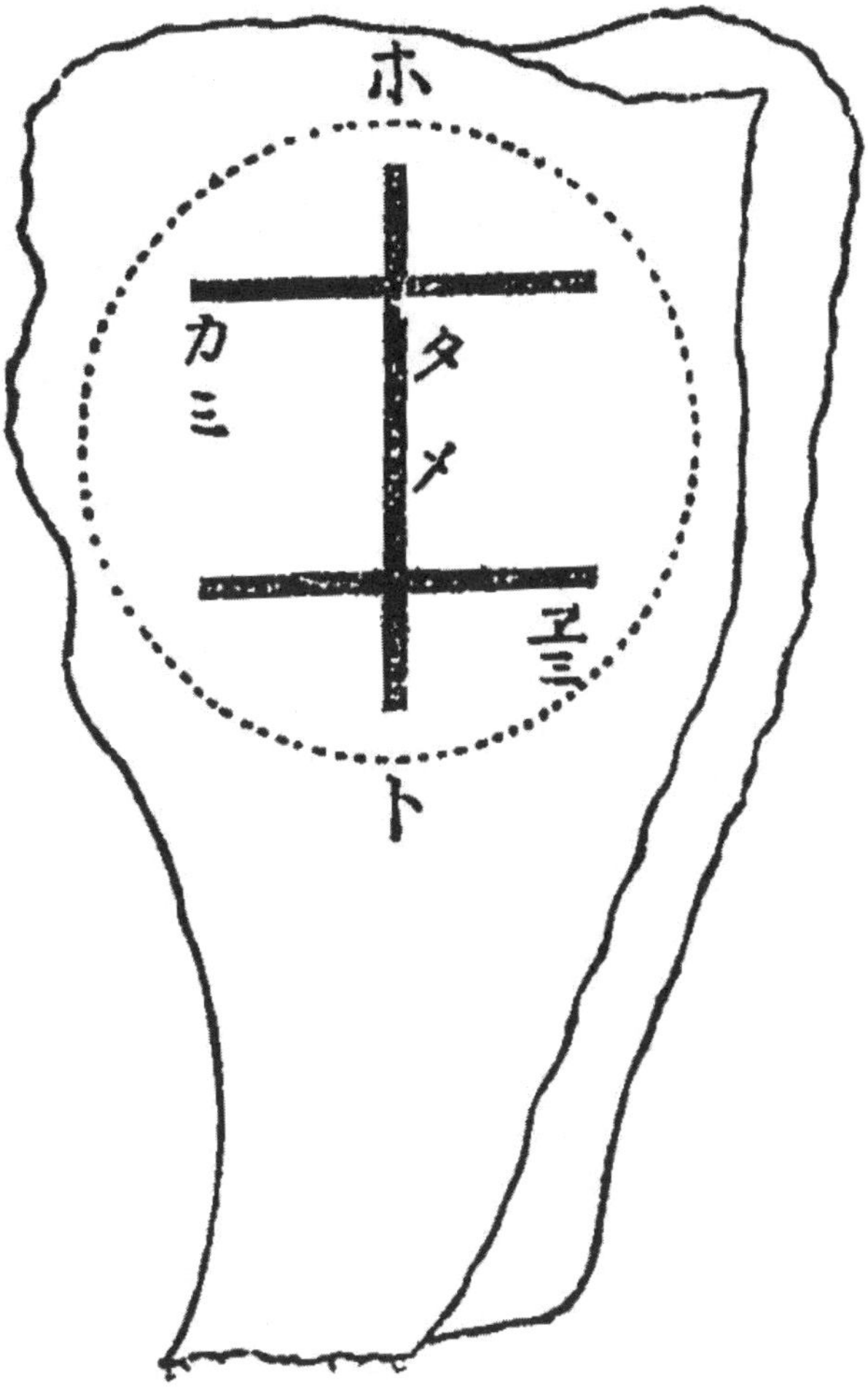

鹿の骨に描かれた太占の図形
（松本隆興：著『太占伝』より）

なお、図に書き加えられている文字は、「太占言《ふとまにこと》」（＝と、ほ、かみ、ゑみ、ため）が図形のどの部分に相当するのか説明するためのもので、占いの際に書き込まれているわけではありません。

ただし、この図形は百八十度回転させても同じ形になりますから、どの部分がどの太占言に対応するのか判別できるよう、何らかの記号が書き加えられていた可能性は高いと思われます。したがって、それが発展して文字になった可能性は否定できないのではないでしょうか。

ここで、太占言の意味を簡単にご紹介すると、次のようになります。

「と」は、未成熟、北、冬、黒、一、六。
「ほ」は、成長、善、正、勝、優、南、夏、赤、二、七。
「かみ」は、停止、悪、邪、敗、劣、単独、西、秋、白、三、八。
「ゑみ」は、成長＋停止→発生、善、正、勝、優、集団、東、春、青、四、九。

「ため」は、善、正、中央、土用、黄、五、十。

ここで注目すべき点は、「かみ」という太占言が邪悪なものを指す言葉として使われていることです。

ちなみに、『日本語原』（井口丑二：著）という本によると、日本語には一音で意味をなす単音語が多数あり、参考までに少しご紹介すると、「と」は詰まり窄《すぼ》まることを、「ほ」は起こり出で広がることを、「か」は隠れて怪しいことを、「み」は充ち足り一つに寄ることをそれぞれ意味するそうです。

したがって、太占言に使われている「かみ」は、怪しいものが一つに集まって隠れている状態を意味している可能性があり、これは「神」という概念ができる前から存在する非常に古い言葉なのかもしれません。

なお、「かみ」が意味する方角を「東」とする文献を多数見かけますが、「かみ」という太占言が邪悪なものを指す言葉であるなら、『太占伝』に書かれているように「西」が正解だと思われます。

次に、「とほかみゑみため」という言葉の使用例について調べてみたところ、『神道秘伝行事宝典』（山田照胤：著）という本には、「天津奇寿言《あまつくしいわいごと》」として「吐普迦美依身多女」という言葉が書かれていました。

また、白川雅朝《まさとも》王から正親町《おおぎまち》天皇に送られた書簡（勅封六六―八―一九―二）には、「三種大祓」の一つである「天津大祓」として「吐菩加身依身多女」という言葉が書かれているそうです。

したがって、「とほかみゑみため」は、人々を祝福し穢れを祓う強い力を持った尊い言葉として古くから大切に伝えられてきたようですが、これは、この言葉が神代の昔から神聖な占いの儀式に使われてきたためかもしれません。

太占はその後、鹿の骨の代わりに亀の甲羅が用いられるようになると、書かれる図形も次の図のように変化したそうですが、この図形も百八十度回転させると同じ形になりますから、やはり太占言の位置を識別する何らかの記号が書き加えられていた可能性は高いと思われます。

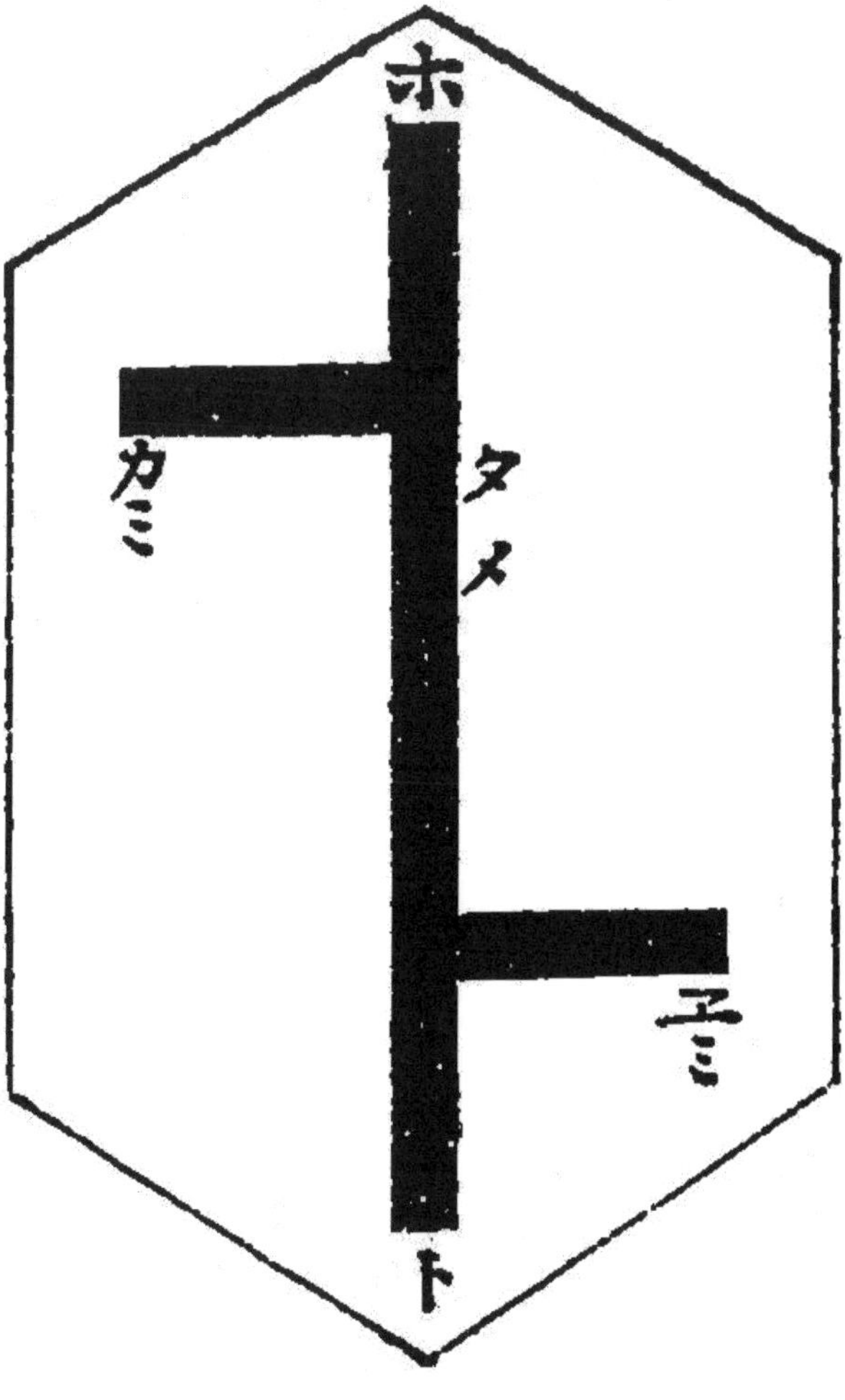

亀の甲羅に描かれた太占の図形
（松本隆興：著『太占伝』より）

第二章

阿比留文字

『神宮文庫図書目録』（神宮司庁：編）という本によると、伊勢の神宮の書庫（神宮文庫）には、日本の古代文字である「神代文字《かみよもじ》」で書かれた文書が九十九通保管されているそうです。

また、国学者として有名な平田篤胤《ひらたあつたね》が書いた『神字日文伝《かむなひふみのつたえ》』には、非常に多くの神代文字の書体が収集されています。

ただし、この本は江戸時代に書かれたものなので、読み間違いを避けるため、明治維新以降に書かれた文献から、私が勝手に神代文字と判断したものを抽出してご紹介したいと思います。

数ある神代文字のなかで、最も有名だと思われるのが「阿比留文字《あひるもじ》」で、『日本古代文字考』（落合直澄：著）という本に、次の図のような五十音図（正確には四十七音図）が載っています。

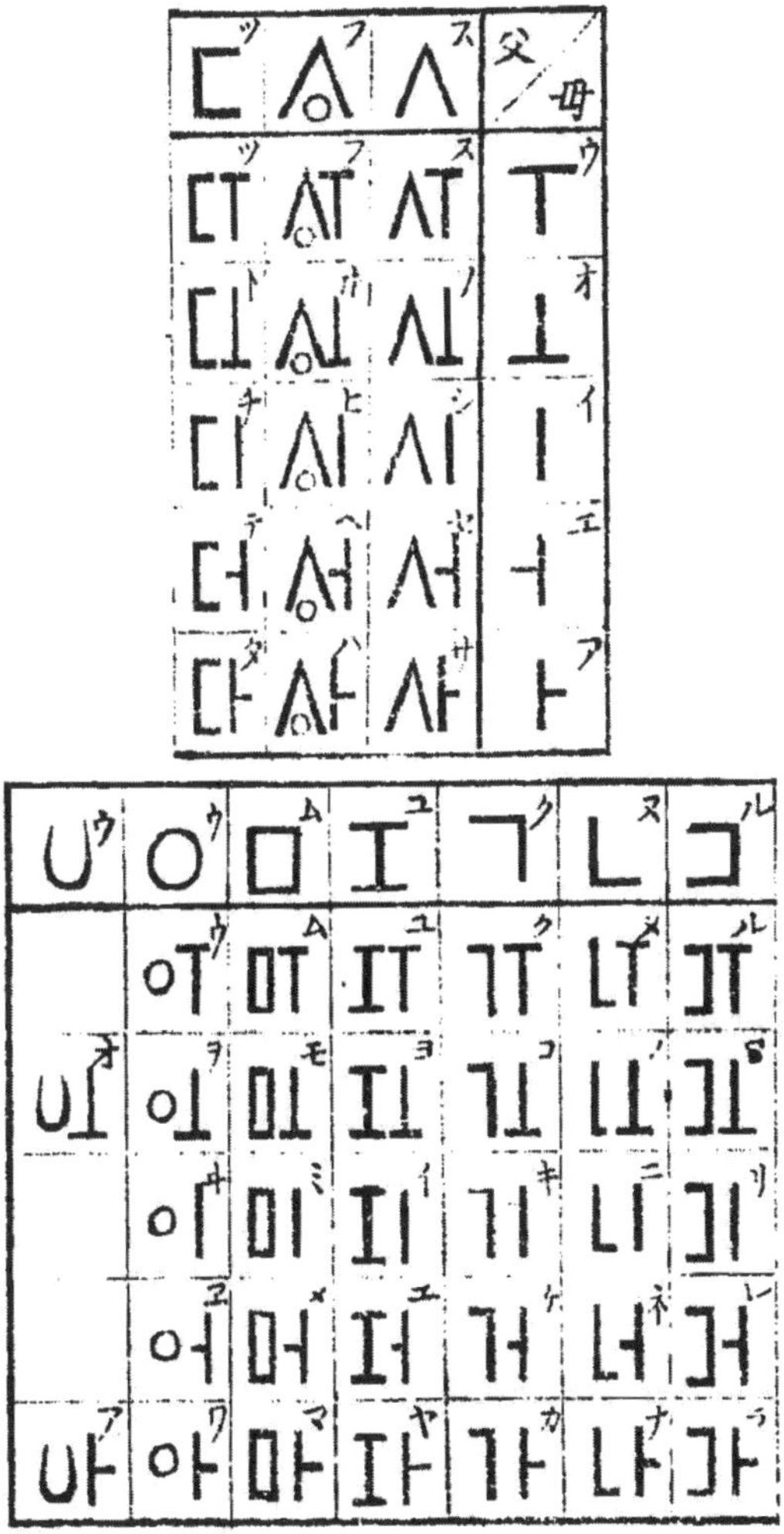

阿比留文字
（落合直澄：著『日本古代文字考』より）

これは、一見するとハングルに似ているので、阿比留文字はハングルをもとに偽造されたものだと考えている人もいるようですが、文字の複雑さから考えて、単純な阿比留文字をもとに複雑なハングルが作られたと考える方が自然です。

この本には、「対馬国卜部阿比留氏内々にて之を伝へらる」と書かれているので、対馬の卜部（うらべ＝占いを専門とする氏族）の阿比留氏がこの文字を秘蔵していたことが「阿比留文字」という名前の由来のようです。

そうであれば、亀の甲羅に描かれた太占の図形は、阿比留文字の直接の起源であると考えることができるのではないでしょうか。

加えて、対馬は朝鮮半島に非常に近いので、阿比留文字の情報が国内だけでなく朝鮮半島にも伝わった可能性は大いにあると思います。

ところで、阿比留文字をひらがなに書き直した次ページ上の五十音図をよく見ると、左端の**あ**行は**あ**と**お**しかありませんから、欠落している音をローマ字で補って再構成すると、次ページ下のような五十音図が得られます。

	w	m	y	k	n	r	t	h	s
	う	む	ゆ	く	ぬ	る	つ	ふ	す
お	を	も	よ	こ	の	ろ	と	ほ	そ
	ゐ	み	い	き	に	り	ち	ひ	し
	ゑ	め	え	け	ね	れ	て	へ	せ
あ	わ	ま	や	か	な	ら	た	は	さ

阿比留文字の五十音図

↓

w	r	y	m	h	n	t	s	k	
わ	ら	や	ま	は	な	た	さ	か	あ
ゐ	り	**い**	み	ひ	に	ち	し	き	**i**
う	る	ゆ	む	ふ	ぬ	つ	す	く	**u**
ゑ	れ	**え**	め	へ	ね	て	せ	け	**e**
を	ろ	よ	も	ほ	の	と	そ	こ	お

再構成した阿比留文字の五十音図

ここで、言葉の定義として、「あ·iueお」は母音《ぼおん》、「kstnhmyrw」は父音《ふおん》、父音＋母音によって発声する「かきくけこ」から「わゐうゑを」までの四十五音を子音《しおん》とします。

また、**あ**行のローマ字「·iue」は、子音を発声するためだけに存在する母音であり、子音を長く伸ばして発声した場合に最後に残る音ですが、単独では使われず、**あ**と**お**だけが単語の形成に使われることを表わします。

この五十音図は、現代人が見ると欠陥品のように感じられますが、逆にそれが本物の神代文字であることの証拠である、ということを次章で説明したいと思います。

なお、**あ**行に欠落があることは偶然ではなく、『作文活法』（土居通予：編）という本によると、五母音と九父音の組み合わせで文字をつくると四十五文字で、**お**、**あ**の二文字が足らないので、**を**、**わ**の父音「○」の上部を裂いて、「U」という、**う**の音（W音）を含まない文字がつくられたのであろうと言い伝えられているそうです。

次に、現存する阿比留文字ですが、インターネットで見つけた『大内神社 古代文字「阿比留文字」の考察』（丸谷憲二：著）という論文によると、岡山県備前市の大内神社や倉敷市の長尾神社、福岡県添田町の英彦山神宮などには現在でも阿比留文字が残されているそうです。

このうち、倉敷市の長尾神社は、岡山県神社庁のホームページによると、応永年間（西暦一三九四〜一四二八年）に宇佐八幡宮から勧請され、現在の社殿は明治十二年六月に改築されたものだそうです。

私が長尾神社を訪れて確認したところ、正面から見て社殿右側面に石造りの門があり、その上部に阿比留文字のレリーフが次ページの写真のように刻まれていました。

この文字は右から左に書かれていて、「かむなから」と読むことができますが、『大日本国語辞典』（上田万年・松井簡治：共著）という本によると、これは「かむながら」（惟神）で、「神慮のまま」という意味だそうです。

倉敷市・長尾神社の阿比留文字

第三章
神代文字の存在証明

前章で述べたように、阿比留文字の五十音図には**あ**行の「・ｉｕｅ」が存在しませんが、私は様々な文献を調査するうちに、このことこそ阿比留文字が本物の神代文字であることの証拠ではないかと思うようになりました。

なぜ私がそう考えたかというと、文語の「得《う》」という動詞は、「え、え、う、うる、うれ、え」と活用するため、一般的には語幹がない動詞とされていますが、『日本活語法』（谷垣勝蔵：著）という本には、もし「得」に活用があるとするなら、それは「え、う」ではなく、「ゑ（**We**）、う（**W**）」でなければならないと書かれていたからです。

つまり、「得」という動詞は非常に古くから存在したはずですが、一見これに語幹がないように見えるのは、実はこの動詞が**わ**行の動詞だったからだというわけです。

ちなみに、『動詞の組織』（大島正健：著）という本によると、**あ**行の活用をなす動詞は「うる（得）の一字あるのみ」とのことなので、もしこの動詞が**わ**行の動詞であれば、**あ**行が**あ**と**お**だけでも動詞の活用に不都合は発生しません。

また、『日本古語大辞典』（松岡静雄：著）という本によると、歌の**う**は、**わ**行の**ゑ**

が転じたものだそうなので、この場合も「Ｗｕｔａ」だったと考えることができそうです。

これと似たようなことは他にもあり、『動詞の組織』によると、例えば「射る」という動詞は「矢」という名詞が転じたものだそうなので、実は「Ｉｒｕ」ではなく「Ｙ･ｉｒｕ」と発音するのが古代の正しい発音だった可能性があります。

そして実際、『日本語原』では、「射る」は**や**行に分類されています（他には、行く、糸、岩、忌むなどの**い**が、**や**行に属するそうです）。

また、『日本語源』（賀茂百樹：著）という本によると、「選る」（える）という動詞も**や**行に分類されていて、これは俗に「よる」とも言うそうですが、確かに「選り取り見取り」（よりどりみどり）という言葉が存在しますから、「選る」は**や**行の動詞に間違いないでしょう。

ついでに、**わ**行の単語を列挙すると、居間（ゐま）、井戸（ゐど）、猪（ゐ）、田舎（ゐなか）、裏（うら）、後（うし）ろ、嬉（うれ）し、恨（うら）む、兎（うさぎ）、笑（ゑ）む、絵（ゑ）、描（ゑが）く、岡（をか）、桶（をけ）、長（をさ）、斧（をの）、などがあるそうです。

このように、現在**あ**行に分類されている単語が、昔は**や**行と**わ**行にあった例が多数存在するわけですから、阿比留文字の五十音図は、**あ**行の「ｉｕｅ」を使用しなかった非常に古い時代の発音を正しく伝えているのではないかと思われるのです。

この考えを検証するため、日本語の音韻変化を調べていたところ、『日本古代語音組織考』（北里闌：著）という本に、八世紀初頭の五十音図を再現した表があるのを見つけました。

これは、古事記と日本紀について、和歌などの日本語の音韻を記述している部分にどういう漢字が使われているかを分析して、当時の五十音図を再現したものです。上段が古事記です。また、左側に記載されている濁音部分は省略しました。

ア 阿 阿	カ 加 伽	サ 佐 佐	タ 多 多	ナ 那 那	ハ 波 波	マ 麻 摩	ヤ 夜 夜	ラ 良 羅	ワ 和 和
イ 伊 伊	キ 岐 枳	シ 斯 辭	チ 知 知	ニ 爾 珥	ヒ 比 比	ミ 美 瀰	(イ)	リ 理 利	ヰ 韋 委
ウ 宇 于	ク 久 區	ス 須 須	ツ 都 菟	ヌ 奴 怒	フ 布 赴	ム 牟 武	ユ 由 由	ル 流 屢	
エ	ケ 祁 鷄	セ 勢 勢	テ 弖 弖	ネ 泥 泥	ヘ 幣 弊	メ 米 梅	(エ) 延 曳	レ 禮 例	ヱ 惠 惠
オ 淤 於	コ 許 虚	ソ 曾 曾	ト 登 等	ノ 能 能	ホ 富 朋	モ 母 茂	ヨ 余 豫	ロ 呂 呂	ヲ 袁 烏

古事記・日本紀から再現した五十音図
（北里闌：著『日本古代語音組織考』より）

この五十音図は、阿比留文字の五十音図の**や**行の**い**と**わ**行の**う**が**あ**行に移動した形になっていますから、これは古代の五十音図が現代の形に移行する過渡期の状態であるとみなすことができます。

そうであれば、日本語は昔から四十七音で構成されていたと考えられますから、阿比留文字が古代の発音を保存した真の神代文字であることは間違いないでしょう。

そういう考えで阿比留文字を見直してみると、母音の配列が「うおいえあ」であることも、口を閉じた状態から徐々に大きく開いていくようになっていて、とても自然な順番だと感心させられます。

なお、「あいうえお」の五母音を基礎とする五十音図は、インドのサンスクリット語の影響を受けて成立したものであり、神代文字は仏教伝来以降にねつ造されたものだとする説もあるようですが、『五十音図の歴史』（山田孝雄：著）という本によると、五十音図そのものは日本人の発案によるものだそうです。

その説を要約すると、五十音図は平安時代から存在するが、それが悉曇学（しったんがく＝サンスクリット語の仏教経典を解読し発声するための学問）から生じたとする資料は、室町時代に至っても存在しないこと、および、五母音を一括して「五音」と名づけたことに関して、悉曇学にも中国の音韻論にも源がないことから、五十音図は日本人の創意によるものと考えざるをえないそうです。

しかも、漢字の伝来や渡来人の影響によって、大部分の日本人が神代文字の存在を忘れてしまった可能性も否定できないので、阿比留文字の構成が現代の五十音図に似ているからといって、後世の偽造であると断定することはできないと思われます。

また、古事記や日本紀などの研究から、当時の母音の数は五母音ではなく八母音だったという説もありますが、それも漢字文化や渡来人の影響と考えれば説明がつくことなので、神代の産物である阿比留文字が五母音から構成されていても不都合はないでしょう。

第四章

日文四十七音の意味

第二章でご紹介した阿比留文字は、『神字日文伝《かむなひふみのつたえ》』には、次の図に示すような順番で書かれています。

すなわち、「ひふみよいむなやこともちろらねしきるゆゐつわぬそをたはくめかうおえにさりへてのますあせゑほれけ」で、これを古来より「日文《ひふみ》」と言い慣わしてきたそうです。

この日文は、まったく意味不明のように思われますが、実はその意味が『五十音図説』（亀田鶯谷：著）という本に書かれているので、それを参考にしながら自分なりに文法的な解釈を補って訳してみました。

なお、著者の亀田鶯谷氏は、『房総の偉人』（林寿祐：編）という本によると、文化四年（西暦一八〇七年）生まれの下総（現在の千葉県）の儒学者で、非常に頭脳明晰な人物だったようです。

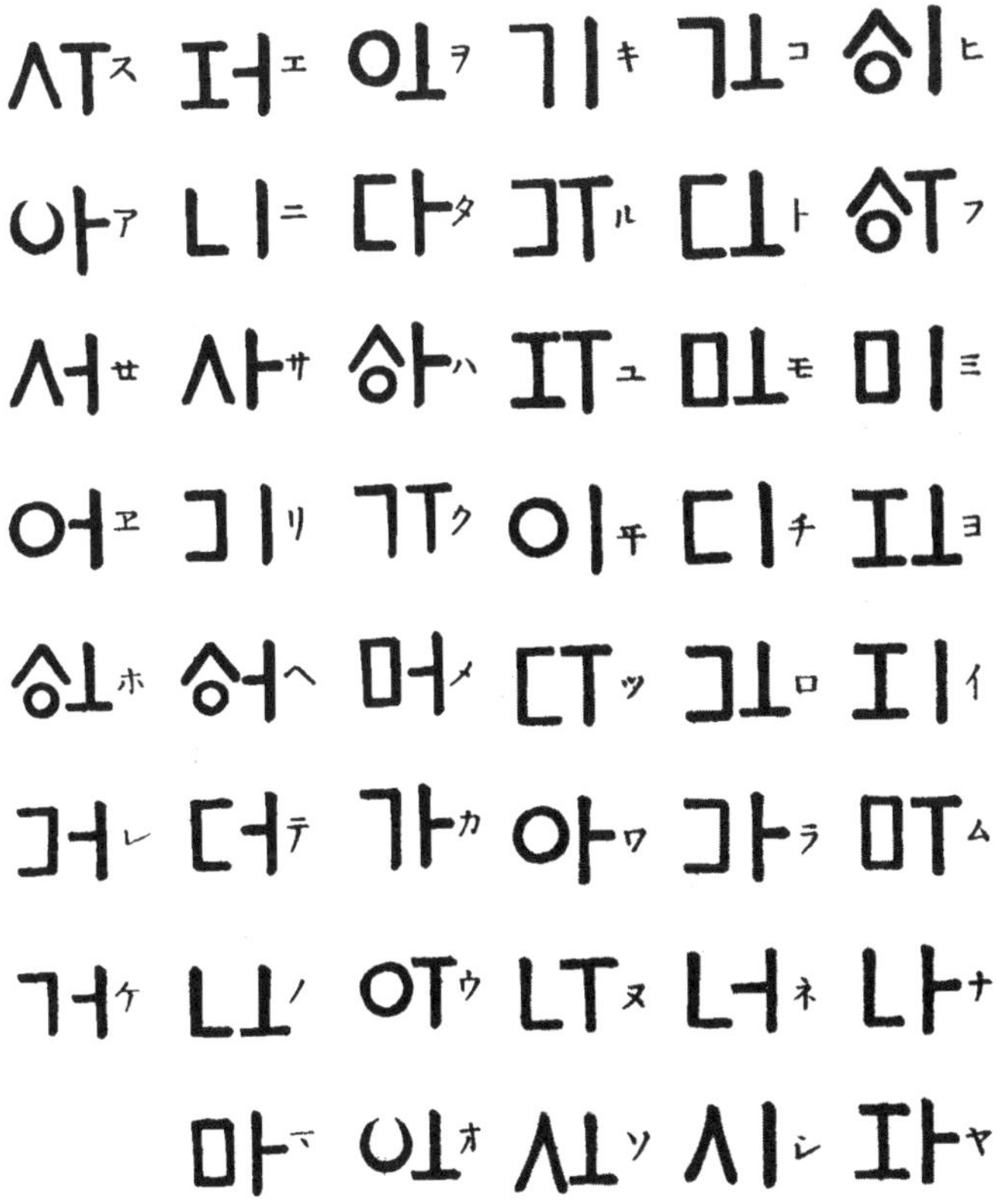

日文四十七音

（平田篤胤：著『神字日文伝』より）

1. ひふみよいむなやこと

これは、「一二三四五六七八九十」という意味で、日本人がものを数えるときに日常的に使う言葉ですが、実はもっと深い意味があります。

『国史大系　第七巻』（経済雑誌社：編）という本に収録された「先代旧事本紀《せんだいくじほんぎ》」の「巻第三　天神本紀」によると、天照国照彦天火明櫛玉饒速日尊《あまてるくにてるひこあめのほあかりくしたまにぎはやひのみこと》が地上に降臨する際、天神御祖《あまつかみのみおや》が、瑞宝十種《みづのたからとくさ》を授け、次のように教えたそうです。

「もし、痛むところ有らば、この十種の宝をして、一二三四五六七八九十といいて、しかして布瑠部《ふるへ》。由良由良止布瑠部《ゆらゆらとふるへ》。かく之を為せば、死（まかれる）人も反《かえ》り生矣《いきむ》。」

この「一二三四五六七八九十、布瑠部由良由良止布瑠部」は、「布瑠之言《ふるのこと》」とよばれ、死者をも蘇生させる神秘の言葉として有名です。

したがって、「ひふみよいむなやこと」は、一から十までの数を表わしますが、単なる数詞ではなく、神代の昔から大切にされてきた神聖な言葉なのです。

2. もちろら

この部分を「百千万」などと解釈している文献もありますが、それでは最初の神聖な言葉が単なる数詞になってしまうので、容認することはできません。

亀田氏は、これを「用ふらむ」という意味の神言だと解釈していますが、そうであれば、「用いるだろう」という意味になります。

3. ねしきるゆ

亀田氏の解釈によると、「ね」は「根」で「根底」を意味し、「し」は語調を整える助詞、「きる」は「凝り締まる」という意味、「ゆ」は「〜より、〜から」という意味の古語なので、全体の意味は「根底が凝り締まるところより」という意味になります。

なお、「きる」は自動詞だと思われますが、『大日本国語辞典』には「霧立つ、かすむ」という意味の四段活用動詞と、「切れる、分かれる」という意味の下二段活用動詞があり、最初、「きる」＝「分かれる」かと思ったのですが、「ゆ」は体言か活用語の連体形に接続するので、この意味だと「きるるゆ」となって適合しません。

一方、亀田氏の解釈は、「きる」＝「凝る」で、これなら四段活用の自動詞なので、うまく適合します。

また、「ゆ」はあまり見たことがない言葉だったので、その使用例を調べてみたところ、日本紀に景行天皇の次のような歌が載っていました。

原文：　波辭枳豫辭　和藝幣能伽多由　區毛位多知區暮　……

読み：　はしきよし　わぎへのかたゆ　くもゐたちくも

意味：　おお私の家の方から雲が立って来るよ（松岡静雄：訳）

4. ゐつわぬ

亀田氏の解釈によると、「ゐ」は「率い集める」、「わ」は「分かちきざす」という意味で、根底にもどった万物が、それぞれに発生の機会を含んでいる状態だそうです。なお、文法的には、「ゐ」は「率る」という上一段活用動詞の連用形で、「つ」は完了の助動詞だと思われますから、「率い集めた」と訳すのが正しいと思われますが、「わぬ」は不明で、「ゐつ」と対になっていると考えるなら、「分けた」と訳すべきだと思われます。

5. そをたはくめか

亀田氏の解釈によると、「そ」は指示語で「それ」、「を」は助詞、「た」は「誰」、「は」は助詞、「くめ」は「組み合わせる」という意味、「か」は疑問の助詞です。

ここで、「そ」の具体的な内容ですが、「くめ」が「組み合わせる」という意味であるなら、阿比留文字の父音と母音のことを指すのではないかと思われます。

つまり、「(万物の)根底が凝り締まるところより」「率い集めた(そして)分けた」ものが阿比留文字の父音と母音であり、そうであれば、最後の「か」は反語で、「神が組み合わせ給うて阿比留文字をつくったのである」という意味が含まれているのではないかと思われます。

したがって、全体の意味は「それを誰が組み合わせるか?(神が組み合わせ給う)」となります。

6. うおえにさりへて

「うおえ」は、**わ**行の**う**と、**あ**行の**お**と、**や**行の**え**から構成されていて、このことが大きな意味を持つようですが、亀田氏の説明は難解なので、ここでは「太占の形＝とほかみゐみため」を意味するという結論だけを述べておきます。

なお、第二章でご紹介した阿比留文字の**う**の母音の形は「┬」ですから、この文字は第一章の太占の「と」を連想させます。加えて、**お**の母音の形は「┴」ですから太占の「ほ」を、**え**の母音の形は「┤」ですから太占の「かみ」を、それぞれ連想させると考えることは可能かもしれません。

そうであれば、「うおえ」＝「とほかみ」となりますから、太占と阿比留文字の知識がある人なら、これが太占のことを意味していると容易に理解できるでしょう。

また、それ以降の文法的解釈は、「に」は助詞、「さり」は「しかり」という意味の動詞の連用形、「へ」は「すぎゆく、経過する」という意味の動詞「ふ」（経、または歴）の連用形、「て」は助詞かと思われます。

ただし、亀田氏は「へて」を「数えて」と訳していて、第一章でご紹介したように「と、ほ、かみ、ゐみ、ため」が「一・六、二・七、三・八、四・九、五・十」という数を表わしていることを考え合わせると、全体の意味は「太占の形にそのとおり（ひふみと）数えて」となり、文脈が整うように思われます。

7. のます

亀田氏の解釈によると、「のます」は「祷み坐す」（祈っていらっしゃる）ですが、文法的には、「のま」は「祈る」の古語「のむ」の未然形、「す」は尊敬の助動詞で、「のます」の意味は「祈られる」だと思われます。

8. あせゑほれけ

亀田氏の解釈によると、「あせ」は「合わせ」で「占い合わせ」のこと、「ほれけ」は「堀り穿てる造化の神議（かむはかり）」、「ゑ」は感動の助詞で、「ほれけ」を修飾しているそうです。

ただし、文法的には、「あせ」と「ゑ」で「占い合わせよ！」と訳すべきでしょうから、最後の「ほれけ」は、占い合わせによって神の御心を「堀り穿て」という意味に解釈するのがよいと思われます。

以上、検討結果をまとめると、日文の意味は次のようになります。

1. ひふみよいむなやこと　一二三四五六七八九十（という神聖な言葉を）
2. もちろら　用いるだろう
3. ねしきるゆ　（万物の）根底が凝り締まるところより
4. ゐつわぬ　率い集めた（そして）分けた（阿比留文字の父音と母音）
5. そをたはくめか　それを誰が組み合わせるのか？（神が組み合わせ給う）
6. うおえにさりへて　太占の形にそのとおり（ひふみと）数えて
7. のます　（神が）祈られる
8. あせゑほれけ　占い合わせよ！（神慮を）堀り穿て

これで、文法的に不明な部分はあるものの、太占と、それから派生した阿比留文字に関する神言として、首尾一貫した意味のある文章になっているのではないでしょうか。

第五章

土牘秀真文といろは歌

次にご紹介する神代文字は、『皇朝原始訓蒙』（梅村正甫：著）という本に載っている「土牘秀真文《はにふたほつまぶみ》」です。

なお、「土牘」の「土」は粘土、「牘」は札なので、「土牘」＝粘土板となります。

また、『神代巻秀真政伝』（鳥居礼：訳註）という本によると、「秀真」の「ほ」は「秀でたる息吹」、「つ」は格助詞「の」の古語、「ま」は「真」で、「ほつま」＝本当という意味だそうなので、「土牘秀真文」は「粘土板に書かれた本当の文字」という意味になります。

ちなみに、この本の訳註者の鳥居礼氏は、「ほつま」が「本当」を意味する御所言葉であることを発見し、これが関西方言の「ほんま」の語源であると推測しています。

まず最初にお見せする図は、いろは順に書かれている原図で、これをあいうえお順に並べ替えたものがその次の図ですが、こうすることによって土牘秀真文の真の姿が明らかになります。

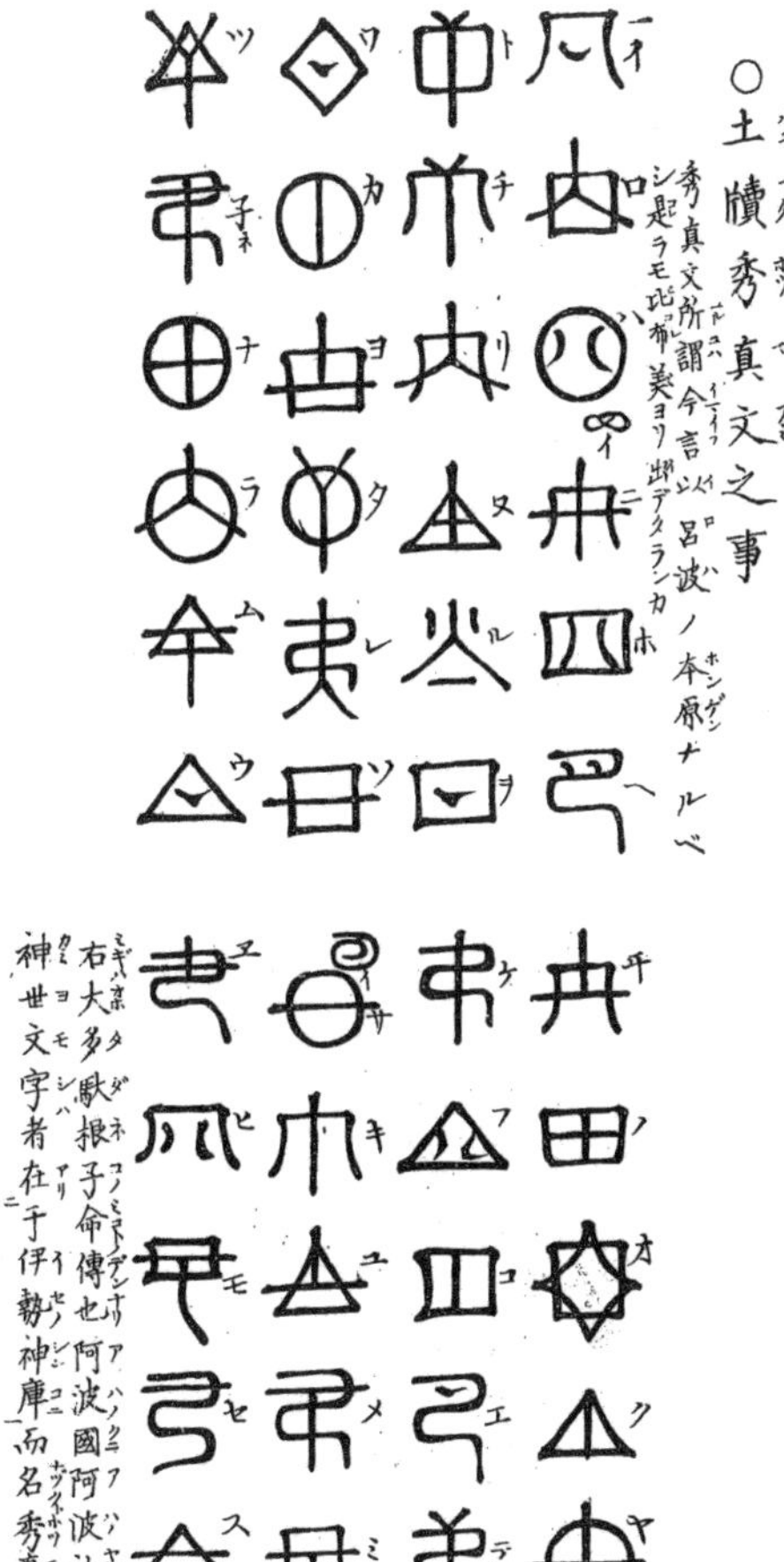

土牘秀真文　いろは順

（梅村正甫：著『皇朝原始訓蒙』より）

土牘秀真文　あいうえお順

（梅村正甫：著『皇朝原始訓蒙』より）

ただし、「ん」を省略

最初に、あいうえお順の図を見ると、この文字は阿比留文字と同様に「あｉｕｅお」の五母音と「ｋｓｔｎｈｍｙｒｗ」の九父音を組み合わせて非常に合理的に構成されていて、やはり**あ**行の「ｉｕｅ」が存在しないことが分かります。

また、ここで注目すべき点は、**あ**は二つの円で、**お**は二つの四角でそれぞれ構成されていることで、これは阿比留文字の場合から類推すると、**う**の音（Ｗ音）を含まないことを明示するためだと思われます。

そう考えると、**わ**行の父音「✓」は、Ｗ音を発声する際の口をすぼめた状態を表わす象形なのかもしれません。

次に、いろは順の図を見ると、先頭の**い**が実は**わ**行の**ゐ**になっていて、さらに**ゑ**の位置も間違っているのですが、これは秀真文の正確な知識が失われた後に制作されたことが原因だと考えられますから、この文字がかなり古い時代のものであることは間違いないようです。

ただし、**ん**が追加されているのが気になるので、いろは歌について調べてみました。

まず、歌の意味ですが、『いろはの話』（長谷宝秀：著）という本によると、この歌は次のような仏教の涅槃経の教えを分かりやすく説いたものだそうです。

いろはにほへとちりぬるを　（色は匂へど散りぬるを＝諸行無常）
わかよたれそつねならむ　（我が世誰ぞ常ならむ＝是生滅法）
うゐのおくやまけふこえて　（有為の奥山今日越えて＝生滅々已）
あさきゆめみしゑひもせす　（浅き夢見じ酔ひもせず＝寂滅為楽）

なお、三行目の「有為」（うゐ）は、『詳解漢和大字典』（服部宇之吉・小柳司気太：共著）という本によると「諸種の因縁が生ずる現象」を意味する仏教用語だそうです。

次に、いろは歌の古い資料が多数掲載された『音図及手習詞歌考』（大矢透：著）という本を見ると、いろは歌は漢字で書かれたものが多く、四十七文字の最後の**す**に「須・寸・巣」などの漢字が当てられています。

また、『「五十音図」の根本研究』（日下部重太郎：著）という本によると、平安時代の中期に**ん**という字が作られたそうなので、どうやらそれ以降の時代に「寸」の影響でいろは歌の最後に**ん**がつけ加えられるようになり、それを秀真文で書き直したものが前掲のいろは順の土牘秀真文のようです。

したがって、最初に述べたように秀真文自体は古い時代のものだと思われますが、いろは順の図の制作年代はそれほど古くはないようです。

ところで、『音図及手習詞歌考』には、いろは歌の暗号についても書かれているのですが、これがなかなか面白いので、ついでにご紹介しておきましょう。

いろは歌は、子どもの読み書きの練習用として「仮名手本《かなでほん》」ともよばれ、次のように七音ずつ区切った形で書かれるのが古くからの習慣だったそうです。

いろはにほへと
ちりぬるをわか

よたれそつねな
らむうゐのおく
やまけふこえて
あさきゆめみし
ゑひもせす

この七行の末尾をつなげると、「咎《とが》無くて死す」というメッセージが現われますが、これは偶然ではなく、人として人たる道に背かず、他人から咎められることなく人生を終えるよう教育するのが目的だったと考えられるそうです。

したがって、四十七音の仮名を重複することなくすべて使って仏教の深遠な教えを分かりやすく説き、しかも人の道を教育する暗号まで織り込んでいるわけですから、いろは歌をつくった人は驚くべき天才だったようです。

また、『いろはの話』によると、赤穂浪士の討ち入り事件を描いた浄瑠璃を「仮名手本忠臣蔵」と名づけたのは、討ち入りした四十七士が忠義のために切腹して死んだことが「咎無くて死す」に相当したためだそうです。

第六章
豊国文字と古代文字石

神代文字で書かれた有名な古文書に「上記《うえつふみ》」があります。

この古文書は、『上記鈔訳　歴史部』（吉良義風：抄訳）という本によると、貞応二年（西暦一二二三年）に豊後国守護の大友能直《よしなお》が古文書をもとに編集したとされる四十一綴りの大作です。

また、「上記」に使われている文字は「豊国文字《とよくにもじ》」とよばれていますが、これは、この古文書が発見された場所が豊国（現在の大分県）であることがその由来のようです。

豊国文字には旧字体と新字体があるので、まずは旧字体からご紹介しましょう。

豊国文字（旧字体）
（吉良義風：抄訳『上記鈔訳歴史部第一』より）

この五十音図の上段、つまり**あ**行の意味について、この本では次のように説明されています。（阿比留文字の五十音図にならって、**あ**行は「あｉｕｅお」で表示し、**い**と**え**は**や**行、**う**は**わ**行に属するものとします。）

あ行の図形は口の形を表わしていて、**つ**のように見えるのが口を横から見た図で、**あ**は口を下に引いて発音することを、**i**は口を横にねじって発音することを、**u**は上から抑えるように発音することを、**e**は下からあげるように発音することを、**お**は口の中で回すように発音することをそれぞれ意味している。

つまり、**あ**行は子音を発声する際の母音の口の形であり、さらに**や**行と**わ**行に欠落がないので、阿比留文字や土牘秀真文と同様に「ｉｕｅ」が単語のなかで使われていなかった可能性があり、やはりこれも神代文字ではないかと思われるのです。

次に、**か**行から**わ**行までの四十五音の文字の意味ですが、『日本古代文字考』にある説明図を参考にすると次のようになります。

か行　か＝蚊、き＝木、く＝繰（くる）、け＝毛、こ＝子
さ行　さ＝刺す、し＝雫（しずく）、す＝巣?、せ＝背、そ＝麻
た行　た＝田、ち＝乳、つ＝粒、て＝手、と＝戸
な行　な＝魚、に＝荷、ぬ＝沼、ね＝根、の＝野
は行　は＝葉、ひ＝火、ふ＝縁（ふち）、へ＝綜（機織りの道具）、ほ＝穂
ま行　ま＝眉、み＝身、む＝蒸（むす）、め＝目、も＝漏（もれる）
や行　や＝矢、い＝射（いる）、ゆ＝湯、え＝柄、よ＝夜
ら行　ら＝腹、り＝針、る＝見る、れ＝切れ、ろ＝幌（ほろ）
わ行　わ＝輪、ゐ＝居（いる）、う＝生（うむ）、ゑ＝絵、を＝苧（麻の一種）

これを見ると、**い**が「射」（図では矢が横向き）になっていて第三章でご紹介した内容と一致していますし、『日本語源』には、魚の古語は「うを」だが、食べる際には「な」とよんだことや、麻も古くは「そ」とよんだことが書かれていますから、一応理にかなった内容となっているようです。

次は、豊国文字の新字体をご覧ください。

これを見ると、現在我々が使っているカタカナにそっくりな文字が多数あるので、後世の偽作のような感じがしますが、『「五十音図」の根本研究』によると、濁音を表現する濁点は鎌倉時代以後だんだんと発達していったそうですから、濁音を清音と異なる文字で表記しているこの新字体は、平安時代かそれ以前のものだと思われます。

さらに、これが本物であることを証明すると思われる物的証拠が存在します。

それは、「古代文字石」とよばれる天岩戸神社《あまのいわとじんじゃ》の宝物で、その大きさは、横一尺二寸（約三十六センチメートル）、縦一尺一寸（約三十三センチメートル）と記録されています。

天岩戸神社は、宮崎県高千穂峡の近くにあり、この神社の関係者と思われる人が書いた『上代神都高千穂研究資』（吉原平三郎：編）という本に「古代文字石」の拓本の写真が載っているのでご紹介しましょう。

豊国文字（新字体）

（吉良義風：抄訳『上記鈔訳歴史部第一』より）

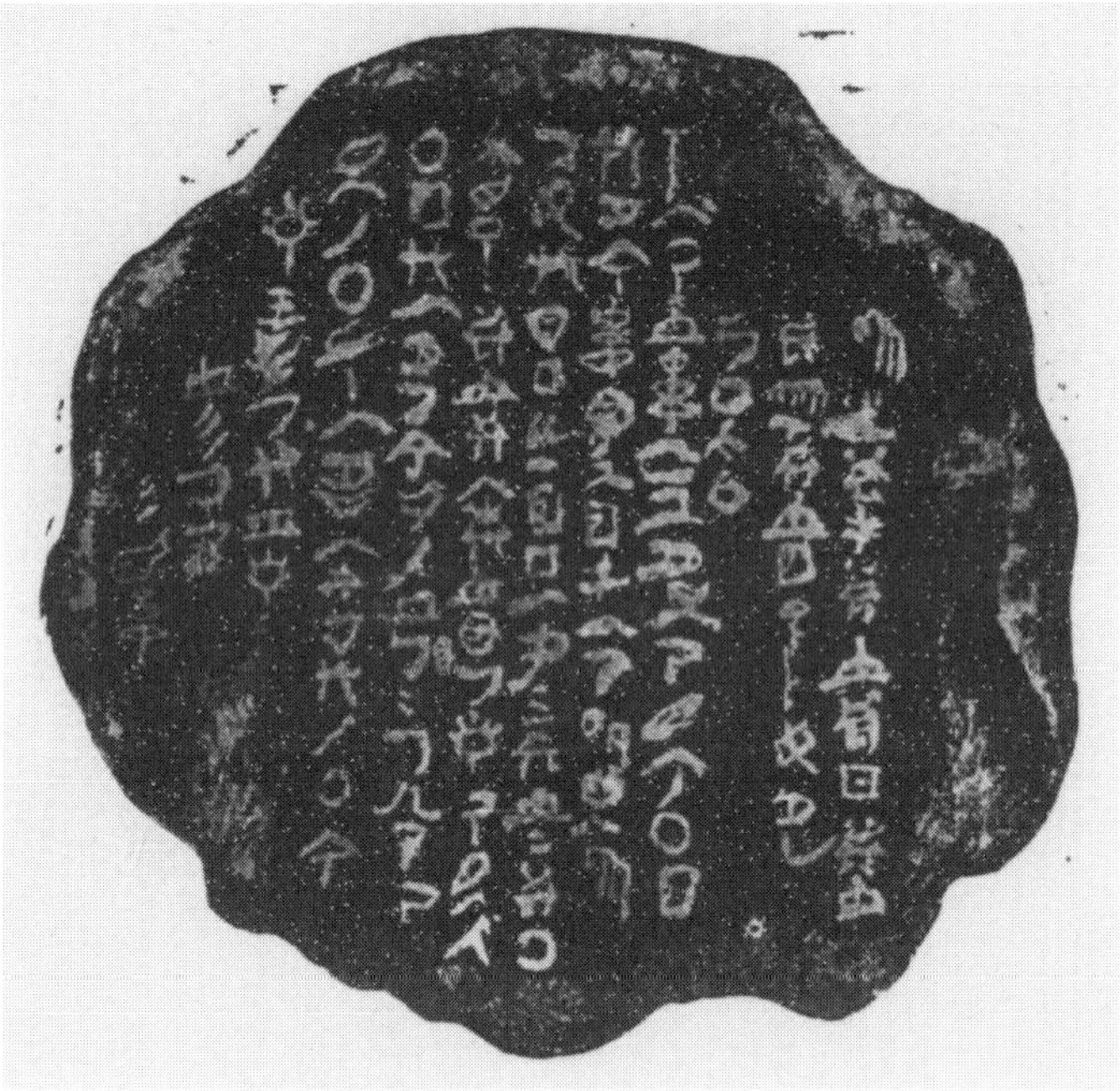

天岩戸神社の古代文字石（拓本）
（吉原平三郎：編『上代神都高千穂研究資』より）

この写真は、文字がやや不鮮明で、しかも、よく見ると旧字体と新字体の豊国文字が混在していて、さらに解読できない文字もあるのですが、『上記鈔訳　歴史部』に載っている翻訳と拓本の模写を参考にして解読すると、次のようになります。

一行目：そぢ（それ？）みきみか（御酒甕）みづみか（水甕）
二行目：みけみか（御食甕）とをほえ（？）これ（是）の
三行目：uつは（器）わ
四行目：ほのあかりのみこと（火之明之命）これ（是）のあめのiわと（天之岩戸）
五行目：にこもりますとき（籠り座す時）のあそび（遊び？）のそ
六行目：なえ（備または供）にまつる（奉る）一とつのお丶みか丶み（大御鏡）わ
七行目：すめを丶みかみ（皇太御神）のみたま（御霊）として　あめのi
八行目：わと（天之岩戸）にのごし（残し？）もちiだ（持出）し丶なるをあ
九行目：めのiわやど（天之岩屋戸）のこち（此地）のきし（岸）にiわ（岩）も
十行目：て四びら（四枚）にたて（立）て

十一行目：かくし（隠し）を

十二行目：くなり（置く也）

この石は、文政四年（西暦一八二一年）に天の岩戸の遥拝所を建設しようとして、四種類の陶器と古い鏡七面とともに発掘されたそうですから、最初の三行は四種類の陶器について書かれていて、四行目以降は陶器とともに鏡を隠した経緯が説明されているようです。

なお、この解読結果を見ると、助詞の「は」に相当すると思われる部分が「わ」に、「岩」（いは）に相当すると思われる部分が「・iわ」に、「備へ」に相当すると思われる部分が「そなえ」に、「大」（おほ）に相当すると思われる部分が「お丶」または「を丶」に、「置く」（おく）に相当すると思われる部分が「をく」になっているので、仮名遣いが相当乱れているようです。

したがって、この古代文字石は、神代の昔につくられたとは考えられませんが、『仮名遣の歴史』（山田孝雄：著）という本によると、奈良時代にはすでに仮名遣いの乱れが始まっていたそうです。

また、あ行のi、uが使われているのにeが使われていないので、この石は近代に偽造されたものではなく、第三章でご紹介したように、古事記や日本紀の制作年代に近い時期につくられた可能性がありますから、制作当時の発音を正直に記録した貴重な資料であると思われます。

ここで、新旧豊国文字の五十音図を使って、もう少し詳しく古代文字石の内容を分析してみると、例えば、七行目は次のように分解できます。

旧字体　：め　　　　　　とてあめ

新字体　：すを丶かのた　　　の

解読不能：　　みみみまし　　　i

これを見ると、豊国文字の新字体と旧字体が混在していますが、その理由としては、豊国文字が旧字体から新字体に移行する過渡期にこの古代文字石の文字が刻まれたと考えるのが合理的だと思われます。

すると、解読できない文字は、過渡期にだけ存在した書体と考えればつじつまが合いますから、もしそうなら、こういったものを後世の人が偽造することは困難なので、古代文字石は、旧字体の豊国文字が神代文字であることの有力な証拠となるでしょう。

そこで、この仮説を検証するため、解読できなかった文字を、旧字体、古代文字石の文字、新字体の順番に並べると次のようになります。

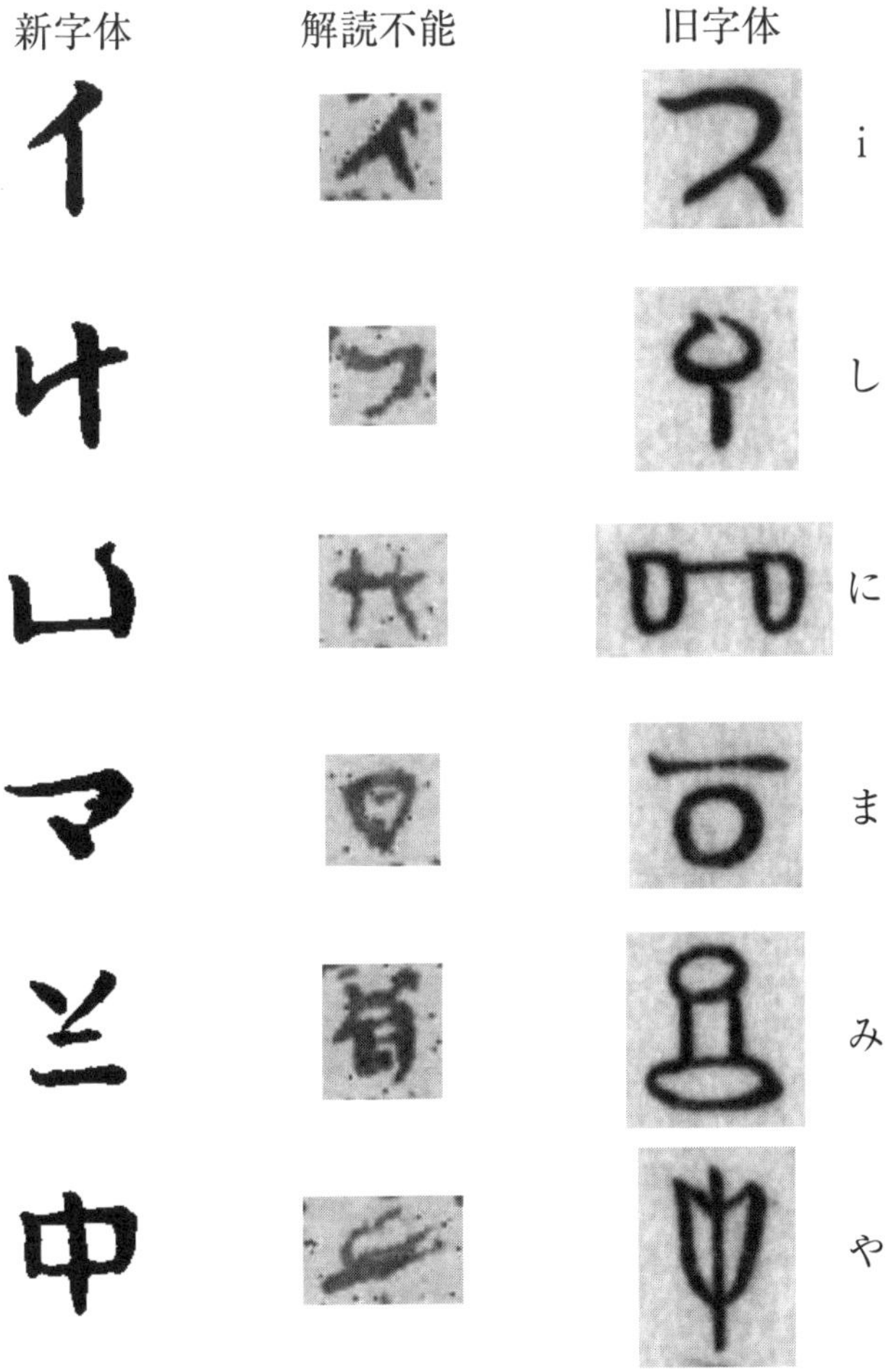

古代文字石に刻まれた豊国文字の解析

こうして見ると、解読できなかった**i**、**に**、**み**は、明らかに旧字体と新字体の中間的な書体であり、**し**、**ま**は、それぞれ雫、眉の特徴を有しているようですが、他の文字と紛らわしくなったので、最終的に別の形状に変化したのかもしれません。

なお、**や**は単純に考えると**い**なのかもしれませんが、単にスペースが足りなくて矢を斜めに刻んだ可能性もありそうです。

以上の考察から、この古代文字石の文字は、豊国文字が旧字体から新字体に移行する過渡期に書かれたことは間違いないと思われるので、豊国文字は後世の偽造ではなく、その旧字体は正真正銘の神代文字であると断言してもよいのではないでしょうか。

ちなみに、『日本古代文字考』の著者の落合直澄氏は、カタカナの起源は、豊国文字等の神代文字だと断言しています。

その理由として、落合氏は、カタカナは「象（カタ）神字（カムナ）」の意味であると推測し、「神代巻口訣」（じんだいかんくけつ＝日本紀神代紀の注釈書）に「神代文字象形也」とあることを指摘しています。

また、カタカナは漢字の偏《へん》や旁《つくり》からつくられたとする学者の説に対しては、漢字は数万もあるので、カタカナによく似た偏や旁を持つ漢字を見つけてこじつけることは可能だが、それでも学者が説明に苦しんで、説が定まらない文字があることを指摘しています。

我々は、カタカナは漢字の偏や旁から作られたという先入観を持っているので、新字体の豊国文字を見て怪しいという印象を持ちますが、そういった先入観を完全に捨て去って、もう一度豊国文字を見直してみると、新たな発見があるかもしれません。

第七章
カタカナの起源

第六章でご紹介した豊国文字の新字体には、現在使われているカタカナに酷似したものが多数あるため、もし豊国文字の正当性が認められれば、カタカナが漢字の一部分から作られたという説は見直しを迫られるのではないでしょうか。

そこで、カタカナの起源について調べてみました。

『音図及手習詞歌考』によると、平安時代には、悉曇学が発達して発音に関する知識が豊富になり、漢字の発音を借りて次のような漢字の五十音図が作成されていたそうです。

なお、この音図の制作年代は、承和から元慶（西暦八三四年〜八八五年）と推定できるそうなので、平安時代の初期となります。

一方、『成実論天長点』（大矢透：編）という本によると、天長五年（西暦八二八年）に書かれた成実論（じょうじつろん＝成実宗の経典）には、次に示すように、漢文を訓読するための仮名が記入されていて、これが文献上最古のカタカナのようです。

平安時代の初期の漢字の五十音図

（大矢透：著『音図及手習詞歌考』より）

これを見ると、ア、オ、カ、ク、コ、ソ、ツ、ネ、ノ、ハ、ヒ、フ、ム、ヨ、リ、ロの十六文字が現在のカタカナにほぼ一致し、残る三十二文字はまだ完成していません。

これを、先程の漢字の五十音図と比較し、本文にはツの原字が川であるという解説があることと、同じ本に掲載されている他の音図も参考にすると、カタカナの原字は次のようになります。(?が付加されている漢字は他の音図から推測したものです。)

ア＝**阿**の左部、オ＝**於**の左部、カ＝**加**の左部、ク＝**久**の左部、コ＝**己**の略字(?)、

セ＝**世**の一部、ソ＝**曽**の上部(?)、ツ＝**川**、ネ＝**禰**の左部、ノ＝**乃**の左側一部、

ハ＝**半**の一部(?)、ヒ＝**比**の一部、フ＝**不**の左部、ム＝**牟**の上部、ヨ＝**與**の一部、

リ＝**利**の右部、ロ＝**呂**の一部

したがって、漢字を起源とするカタカナが存在することは間違いありません。

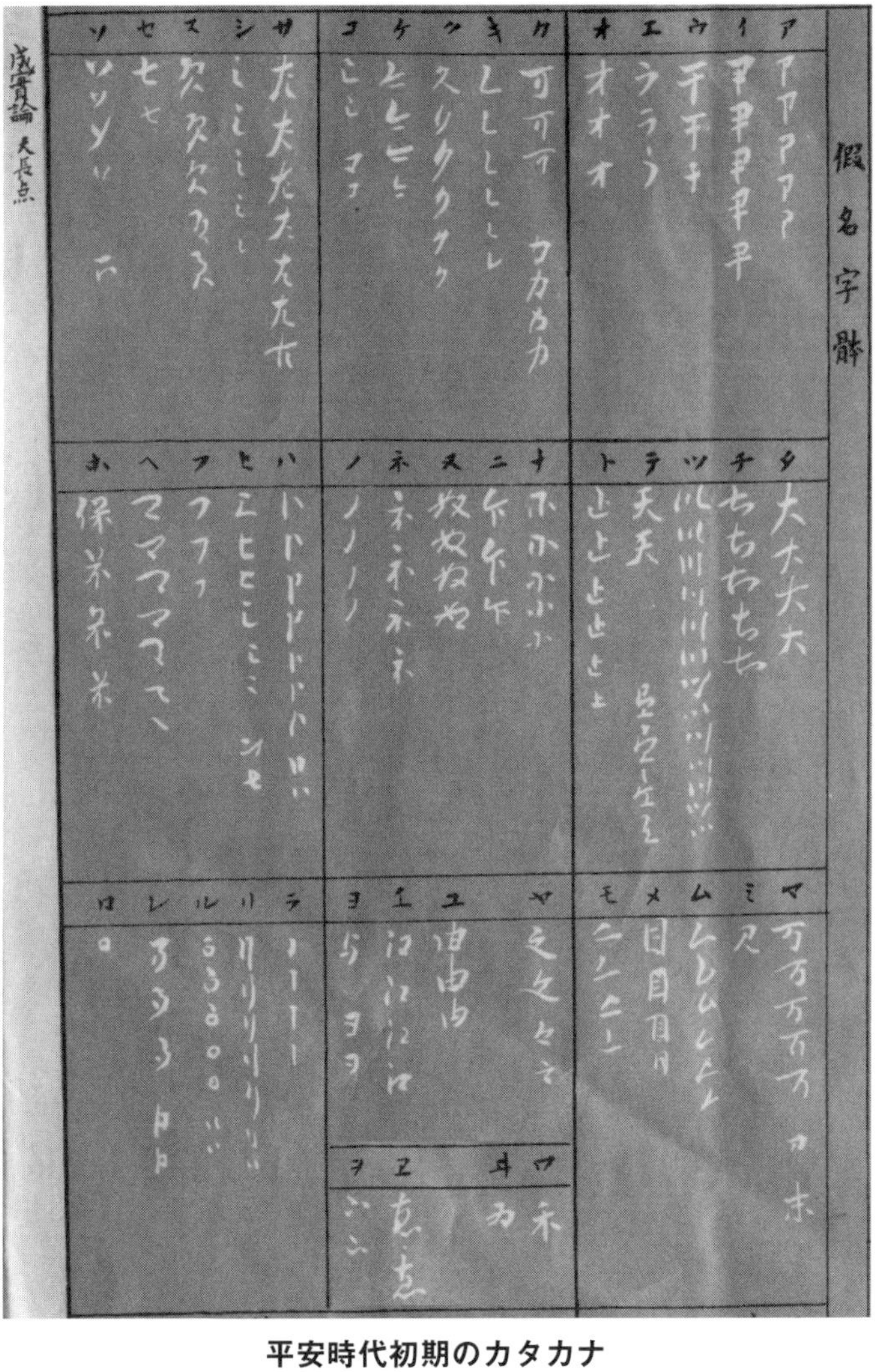

平安時代初期のカタカナ
（大矢透：著『成実論天長点』より）

なお、先ほどの漢字の五十音図を見ると、漢字の重複が見られないので、当時の五十音はすべて異なる発音だったように思われますが、この図を見ると、実際には四十八音しか使われておらず、**う**（于）が**わ**行から**あ**行に移動したことも明白です。

したがって、本来**あ**行には**あ**と**お**しかなかったものが、古事記が誕生した奈良時代の初頭（西暦七一二年）までに**や**行の**い**と**わ**行の**う**が**あ**行に移動し、さらに西暦八二八年には**や**行の**え**が**あ**行に移動しつつあるということのようです。

一方、第六章でご紹介した古代文字石は、**や**行の**え**が二回使われているのに**あ**行の**e**が使われていないので、仮名遣いの乱れも考慮すると、奈良時代の後期から平安時代の初頭の間に制作された可能性が高いと考えられます。

仮に、この石が平安時代初頭（西暦八〇〇年頃）に制作されたとすれば、豊国文字の新字体は平安時代の中期には完成していたと考えることは可能でしょう。

もしそうであれば、カタカナの完成に際して、豊国文字の新字体が部分的に採用された可能性も考えられます。

そのことを検証するため、前記の十七文字以外の原字も整理すると、次のようになります。

ア＝**阿**の左部、イ＝**伊**の右部、ウ＝**于**、エ＝**衣**の左部、オ＝**於**の左部、
カ＝**可**と**加**の左部、キ＝？、ク＝**久**の左部、ケ＝**氣**の上部（？）、コ＝**己**の略字、
サ＝**左**、シ＝**之**の略字、ス＝**須**の右側略字（？）、セ＝**世**の一部、ソ＝**曽**の上部、
タ＝**太**の一部（？）、チ＝**知**の略字（ち）、ツ＝**川**、テ＝**天**、ト＝**止**（？）、
ナ＝**奈**の下部、ニ＝**尓**の一部（？）、ヌ＝**奴**、ネ＝**禰**の左部、ノ＝**乃**の左側一部、
ハ＝**半**の一部、ヒ＝**比**の一部、フ＝**不**の左部、ヘ＝**部**の右部略字、ホ＝**保**とその右部、
マ＝**万**と**末**、ミ＝**見**の略字（？）、ム＝**牟**の上部、メ＝**目**、モ＝**毛**の上側一部、
ヤ＝**夜**の右部略字（？）、ユ＝**由**、エ＝**江**、ヨ＝**與**の一部、
ラ＝？、リ＝**利**の右部、ル＝？、レ＝？、ロ＝**呂**の一部、
ワ＝**和**の左部、ヰ＝**爲**の略字（ゐ）、ヱ＝**惠**の略字、ヲ＝？

これを見ると、明らかに漢字をそのまま使っている場合が十一件（于、可、川、天、止、奴、保、万と末、目、由、江）、ひらがなを使っている場合が二件（ち、ゐ）あり、いかにも発展途上という感じがします。

次の図は、『音図及手習詞歌考』に掲載されているカタカナの音図で、醍醐三宝院において、著者の大矢透氏が『孔雀経音義』という本の巻末に付記されているのを発見したものだそうです。

これが書かれた時代は、寛弘から万寿（西暦一〇〇四年～一〇二七年）の間と推定されるそうなので、平安時代中期となります。

これを『成実論天長点』の五十音図と比較すると、**や**行の**え**の原字は「衣」だと考えられますが、これは本来**あ**行の**e**を表わす漢字ですから、この頃には**や**行の**え**が**あ**行への移動を完了していたと思われます。

また、カタカナと認識できるものは、カ、サ、タ、チ、ト、ハ、ヒ、フ、ヘ、ミ、

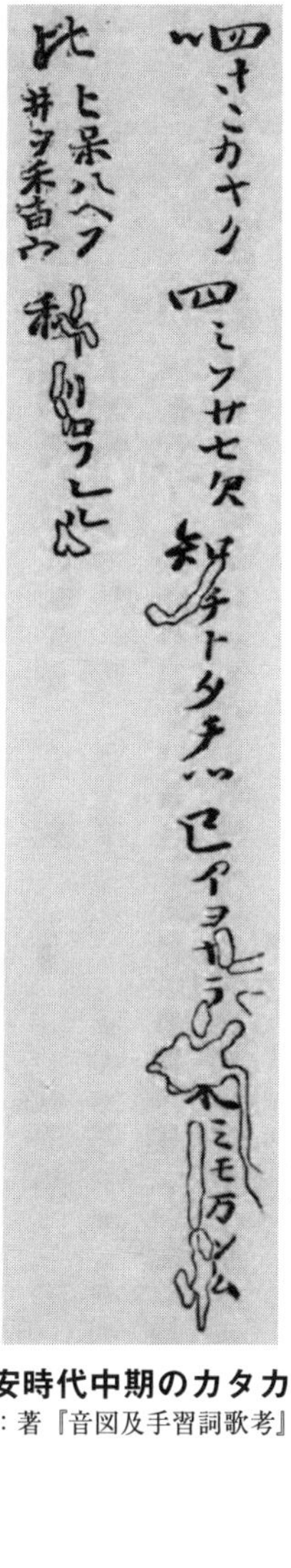

キコカケク　シソサセス　チトタテツ　イヨヤエ？　ミモマメム
ヒホハヘフ　リロラレル
ヰヲワヱウ

平安時代中期のカタカナ
（大矢透：著『音図及手習詞歌考』より）

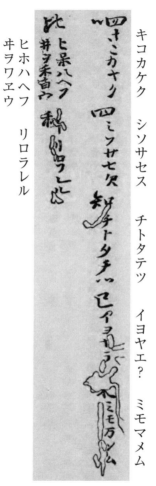

ム、モ、イ、ヨ、リ、ル、レ、ロ、井（ヰ）、ウの二十文字であり、**あ**行と**な**行が欠落し、**や**と**ゆ**が判読できないため、完成度は三十五文字中二十文字として六割弱となります。

また、**け**の原字は「計」だと思われますが、起源が不明なものもあり、特に**さ**、**め**、**る**、**れ**は第六章でご紹介した豊国文字の新字体によく似ているので、ひょっとするとこの時期には豊国文字の情報がカタカナの形成に影響を与え始めていたのかもしれません。

次の音図は、大矢氏が神尾文次郎という人物から貸与された本に書かれていたもので、寛治六年十二月（西暦一〇九三年一月）の作だそうですから、平安時代後期となります（これほど制作時期が明確なものは非常に珍しいそうです）。

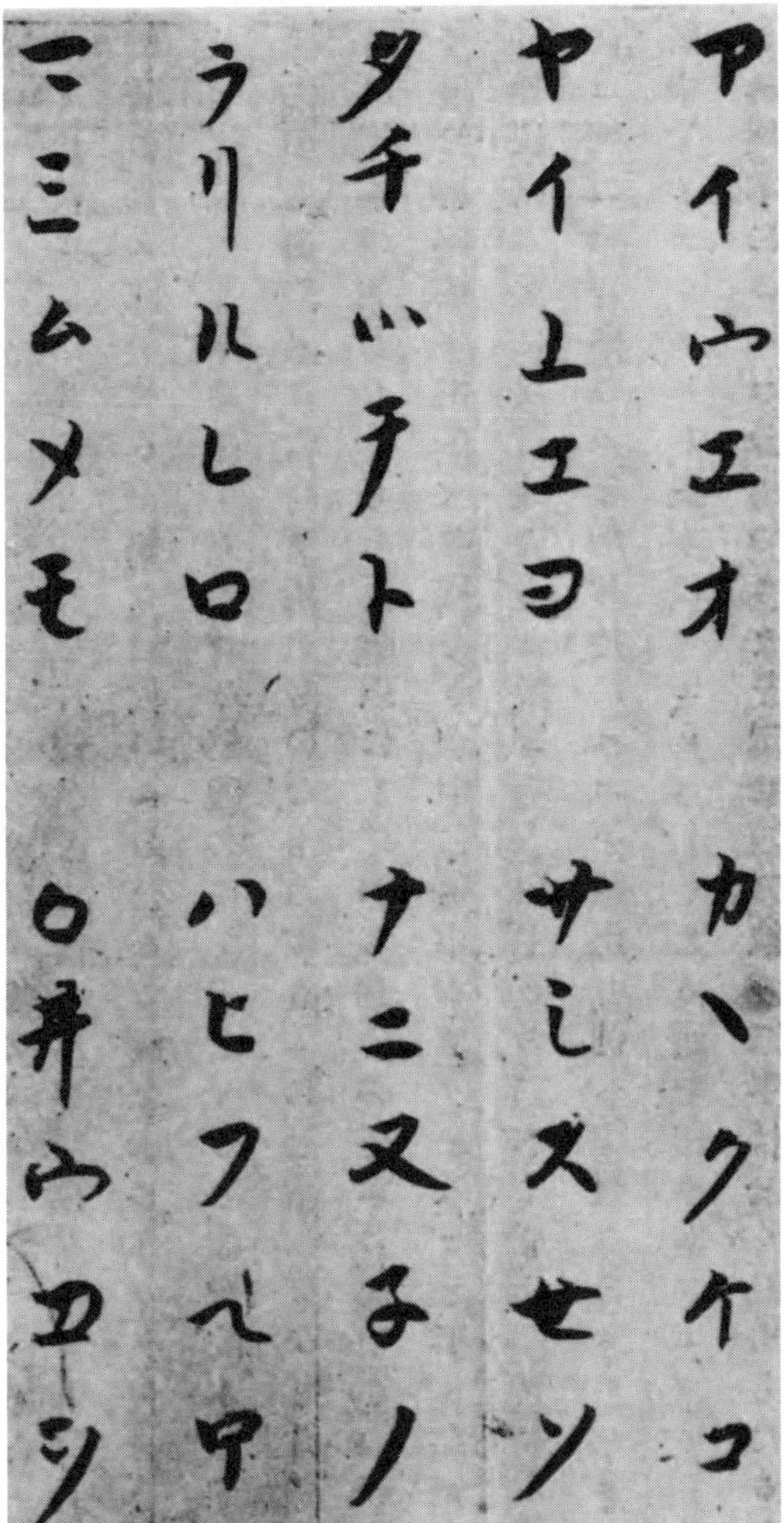

平安時代後期のカタカナ
（大矢透：著『音図及手習詞歌考』より）

これを見ると、**う**はかろうじてウと認識できるとして、**き**、**し**、**せ**、**つ**、**て**、**ね**、**ほ**、**ま**、**ゆ**、**わ**の十文字が未完成だと判断できますから、平安時代後期の音図の完成度は、四十七文字中三十七文字で八割弱となります。

一方、平安時代初期の音図の完成度は、多く見積もっても四十八文字中十六文字で三割強しかありませんから、カタカナの完成には何百年もの歳月を要したようです。

ここでは、**わ**は「和」の左部から円形（輪）に変化したようですが、これらが最終的にワに変化し、「恵」（あるいはその上部）がヱに変化したなどとは考えにくいでしょう。

それよりも、現在のカタカナに酷似した豊国文字の新字体（ア、イ、キ、ケ、コ、サ、シ、ス、ソ、テ、ト、ハ、ヒ、フ、マ、メ、ユ、ラ、ル、レ、ワ、ヱ、ヲ）を取り込んでカタカナが完成していったと考えるほうが合理的かと思われます。

第八章

肥人書

神代文字のことを客観的に論じた本に、『国語及朝鮮語のため』（小倉進平：著）という本がありますが、この本には、肯定論、否定論それぞれの主張や論拠となる文献が紹介されていて、神代文字を研究する上でとても参考になります。

この本に、「肥人書」（ひじんのしょ）というものが出てきますが、それによると、「釋日本紀」（しゃくにほんぎ＝日本紀の注釈書）には「有肥人之字六七枚許」（肥人の字六七枚ばかり有り）とあり、これが日本固有の文字であるとする説が昔からあったそうで、この本にその書体は載っていないのですが、草書体風の文字だったようです。

また、『日本古代語音組織考表図』（北里闌：著）という本には肥人書の書体が載っているのですが、残念ながら不鮮明なので、『皇朝原始訓蒙』に載っている同じ書体をご紹介しましょう。（なお、肥人書を「こまびとのて」と読む人もいるようです。）

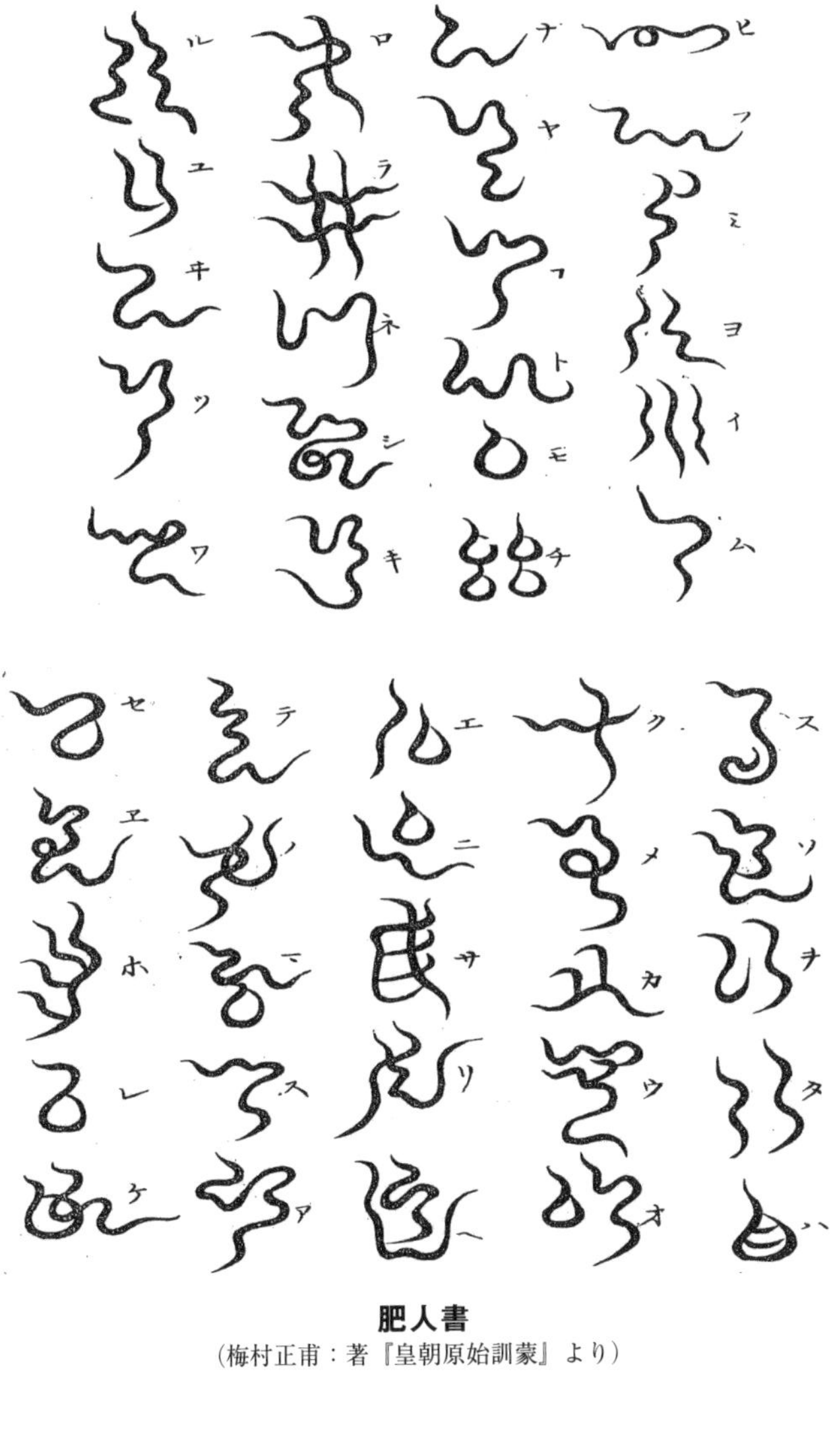

肥人書

（梅村正甫：著『皇朝原始訓蒙』より）

一部に振り仮名の読みにくいところがありますが、これは第四章でご紹介した日文四十七音で、「ひふみよいむ　なやことも ち　ろらねしき　るゆゐつわ　ぬそをたはくめかうお　えにさりへ　てのますあ　せゑほれけ」という順番で書かれています。

なお、この書体の名称は様々で、『日本古代文字考』には「節墨譜体《ふしはかせたい》」という名前で収録されていて、さらに「出雲文字」という類似の書体も紹介されていますし、『日本古代文字集』（粕谷正光：著）という本には「古代文字」という名前で収録されています。

また、これを前回ご紹介した阿比留文字の草書体と考えて、阿比留草文字《あひるくさもじ》とよぶ人もいるようで、『掌中神字箋』（大国隆正：著）という本には、肥人書が阿比留文字の草書体として収録されています。

ただし、『日本古代文字考』や『日本古代文字集』には、阿比留文字の草書体として別の書体が収録されています。

いずれにしても、肥人書はかなり広く使われていたようで、『皇朝原始訓蒙』によると、鹿嶌神社（茨城県の鹿島神宮?）、大三輪ノ神社（奈良県の大神神社）、彌比古神社（新潟県の彌彦神社）、鶴岡八幡宮、法隆寺にその書体が伝わっているそうです。

次に、肥人の意味ですが、かつて九州にいた熊襲《くまそ》という南洋系の異民族と関係があり、『神代の日向』（神武養正講社：編）という本によると、熊襲は肥人（**くまびと**）と襲人（そびと）を合わせた総称で、いずれも山に住む人々のことだそうです。

そして、肥人は山の隅（くま＝折れ曲がって入りくんだ所）に住むもの、襲人は山の背（そ）に住むものという意味だと思われるそうなので、肥人は山の中腹に住み、襲人はそれより上の方に住んでいて、肥人のいた土地には、「熊」、「隅」、「球磨」といった名前が残っているそうです。

さらに、『日本古代語音組織考』によれば、肥人書はフィリピン文字と類似性があるそうですから、これを日本の神代文字と断定することはできないかもしれませんが、非常に古い文字であることは間違いないようです。

最後に、肥人書で書かれた文献ですが、『美社神字解』（落合直澄：解読、惟神教会出版部：一九三六年刊）という本に、信濃国（現在の長野県）の美女森神社《うつくしのもりじんじゃ》に伝わる古文書が紹介されているので、よかったら国会図書館デジタルコレクションでご覧ください。

第九章

天孫の系譜

これまで、神代文字の実在性について論じてきましたが、文字が本物だからといって、神代文字で書かれた古文書まで信用できるとは限りません。

例えば、古事記の序文にある天武天皇の詔《みことのり》には、「朕聞く諸家之賷《もた》る所の、帝紀及び本辞、正実に違《たが》ひ、多く虚偽を加ふと」と書かれていて、粉飾された古代の記録を正すことが古事記編集の目的だったことが分かります。

そこで、ここからは神代文字で書かれた古文書の検証に移ろうと思うのですが、その前に少し予備知識を仕入れておいたほうが理解しやすいと思いますので、この章では天孫の系譜について説明したいと思います。

古事記や日本紀には、天孫降臨伝説が収録されていて、例えば『古事記』（藤村作：編）には、天照大御神《あまてらすおおみかみ》の孫の天迩岐志国迩岐志天津日高日子番能迩ゝ芸命《あめにぎしくににぎしあまつひたかひこほのににぎのみこと》（以下「迩ゝ芸命」）が天下る様子が描かれています。

それによると、迩ゝ芸命の一行は、途中で出会った猿田毗古神《さるだびこのかみ》の案内で竺紫《つくし》の日向《ひむか》の高千穂《たかちほ》の久士布流多気《くじふるたけ》に降臨したそうです。

なお、『紀記論究　神代篇　巻之六　高千穂時代』（松岡静雄：著）という本には、天から降ることが非現実的だとして、天孫一行は海を渡ってやってきて開聞岳付近に到着したのではないかという説が展開されています。

それでは、天孫降臨の時期はいつ頃でしょうか。

実は、それを知る手掛かりになるのが「伝世鏡《でんせいきょう》」とよばれる代々受け継がれてきた鏡で、日本最古の伝世鏡は元《もと》伊《い》勢《せ》籠神社《このじんじゃ》の神宝、息《おき》津《つ》鏡《かがみ》と邊《へ》津《つ》鏡《かがみ》なのだそうです。

この神社に伝わる国宝の海部《あまべ》氏勘注系図《うじかんちゅうけいず》という日本最古の家系図によると、若狭湾の冠島に降臨した彦火《ひこほ》明命《あかりのみこと》がこれらの伝世鏡を伝えたそうで、邊津鏡は前漢時代、息津鏡は後漢時代のものと鑑定されているので、その年代は約二千年前までさかのぼります。

また、古事記には、迩ヽ芸命に天火《あめのほ》明命《あかりのみこと》というお兄さんがいたと書かれているのですが、これは、彦火明命と同一人物と考えられるので、迩ヽ芸命の降臨時期も約二千年前である可能性が高いようです。

高千穂の峰に降臨した天孫・迩、芸命は、古事記によると、大山津見神（おおやまつみのかみ＝山を支配する首領）の娘の神阿多都比売《かむあたつひめ》と結婚し、この女性との間に有名な海幸彦と山幸彦が生まれます。

ところで、神阿多都比売の別名は木花之佐久夜毘売《このはなのさくやびめ》といいますが、『紀記論究』によると、神阿多都比売の「阿多」は地名で、一方、木花之佐久夜毘売という別名が「木花が咲く」という意味なら「このはなさくひめ」となるはずだが、それが「このはな**の**さく**や**びめ」なのは、木花が枕詞的なものだからで、佐久は地名、夜は御屋（宮）の意なのだそうです。

同一人物が異なる地名でよばれるのは不自然ですから、結局、神阿多都比売と木花之佐久夜毘売は別人ということになります。そして、そのように解釈することによって、古代史の謎が明らかになるそうです。

『鹿児島県史　第一巻』という本によると、かつて、薩摩半島の南部には阿多という地名があり、そこを拠点とする阿多隼人《あたはやと》という異民族が存在したそうです。
高千穂の峰に降臨した迩〻芸命が、最初、阿多隼人の族長の娘と結婚し、海幸彦が生まれたと考えれば、薩摩半島南部の南さつま市に迩〻芸命の皇居跡とされる笠沙宮《かさきのみや》跡があることや、海幸彦が隼人の祖とよばれたことも納得できます。

その後、迩〻芸命は、現在の宮崎市あたりで、その地方の豪族の娘の木花之佐久夜毗売と結婚し、山幸彦（神武天皇の祖父）が生まれたと考えれば、宮崎にも迩〻芸命の皇居跡とされる奈古神社があることや、宮崎の名前が「宮（皇居）の先」という意味であることも説明がつきます。

さらに、海幸彦と山幸彦の争いも、古事記では、なくなって当たり前の釣り針に異常に執着する海幸彦の様子が描かれていて、いかにも不自然な感じがしますが、海幸彦と山幸彦が異母兄弟だったのであれば、二人の母親の氏族間の争いを象徴的に描いたものだと理解することができます。

さて、海幸彦との争いに勝った山幸彦は、迩丶芸命の後継者となり、綿津見神（わたつみのかみ＝海神）の娘の豊玉毘売命《とよたまびめのみこと》との間に、天津日高日子波限建鵜草葺不合命（あまつひたかひこなぎさたけうがやふきあえずのみこと＝神武天皇の父）が生まれます。

また、時代は下って、神武天皇が日向から大和に東征した際に、迩芸速日命《にぎはやびのみこと》が天津《あまつ》瑞《しるし》を神武天皇に献上して仕え、登美毘古《とみびこ》の妹の登美夜毘売《とみやびめ》と結婚して宇麻志麻遅命《うましまじのみこと》が生まれたと古事記に記されています。

なお、登美毘古とは、神武天皇の大和入りを最後まで妨害した登美能那賀須泥毘古《とみのながすねびこ》のことです。

また、迩芸速日命の正式名称は、第四章でご紹介したように「天照国照**彦天火明**櫛玉饒速日尊」と先代旧事本紀に書かれているので、この人が伝世鏡を伝えた彦火明命であり、かつ迩丶芸命の兄の天火明命でもあるようです。

先代旧事本紀に関しては、松岡氏の『紀記論究　神代篇　巻之五　国譲』という本に詳しく論じられていますが、それによると、迩芸速日命は息子の天香語山命《あめのかごやまのみこと》とともに大和に降臨し、実は神武東征以前に亡くなっていたそうです。

そして、その死後に宇麻志麻遅命が生まれ、この人が物部《もののべ》氏の祖となり、一方、天香語山命は尾張氏・海部氏の祖となったのだそうです。

次に、神武天皇が活躍した時代ですが、中国の歴史書である「後漢書・東夷伝」には、「安帝永初元年倭国王帥升等献生口百六十人願請見」と書かれていて、永初元年（西暦一〇七年）に倭国王の「帥升」が生口（奴隷？）百六十人を献上したことが記録されています。

この「帥升」は、中国の歴史書に初めて登場する倭国王であり、これが日本を統一した神武天皇である可能性は高いと思われます。

神武天皇が即位したとされる橿原宮《かしはらのみや》は、奈良県橿原市にあり、現在は、橿原宮があったと思われる場所に橿原神宮が建てられています。

橿原市のホームページを見ると、このあたりには遺跡が多数あり、例えば、橿原神宮のすぐ近くにある四分遺跡は、東西二五〇メートル以上、南北四〇〇メートル以上の範囲に広がる大規模集落跡であったと考えられています。

四分遺跡では、弥生時代の中期から後期に入って遺構の密度、遺物の出土量が飛躍的に増加する傾向があり、集落はこの時期に急速に発達したと考えられているそうですが、西暦一〇七年はまさにその時期に該当しますから、この時期、この場所に都ができたと考えることは十分可能だと思われます。

また、神武天皇は天孫・迩、芸命の曾孫にあたりますから、一世代二十五年として、天孫降臨から七十五年後に神武天皇が活躍し始めたと想定すれば、天孫降臨が約二千年前だとする説とも矛盾しないようです。

これまでの情報に、迩、芸命の父・天忍穂耳命《あめのおしほみみのみこと》の情報も加えてまとめると、次のような系譜が描けます。これを見れば、約二千年前に起きた日本の始まりの様子がすっきりと理解できるのではないでしょうか。

天孫の系譜

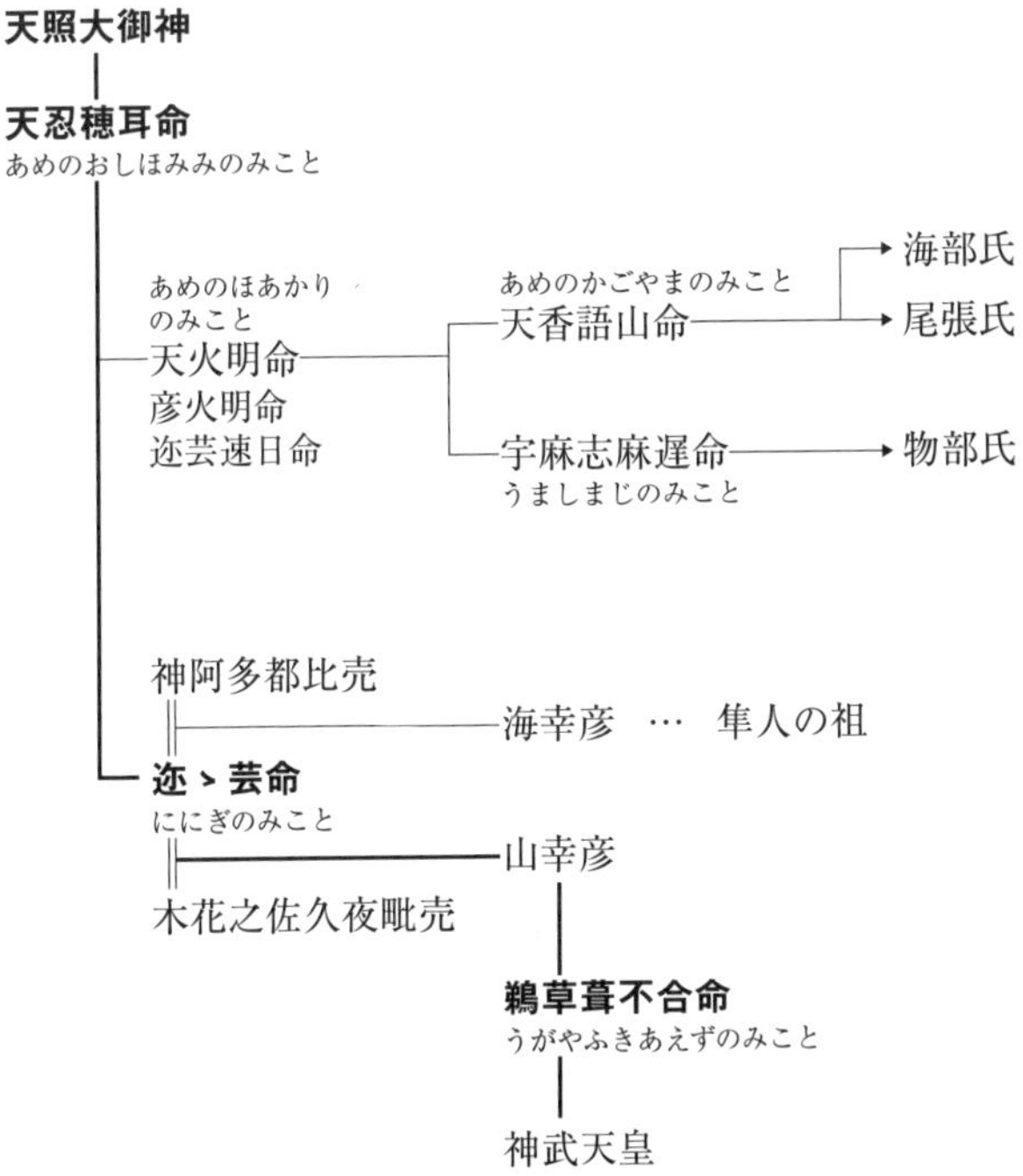
天照大御神
天忍穂耳命《あめのおしほみみのみこと》
天火明命《あめのほあかりのみこと》
彦火明命
迩芸速日命
天香語山命《あめのかごやまのみこと》
海部氏
尾張氏
宇麻志麻遅命《うましまじのみこと》
物部氏
神阿多都比売
海幸彦　…　隼人の祖
迩ゝ芸命《ににぎのみこと》
山幸彦
木花之佐久夜毗売
鵜草葺不合命《うがやふきあえずのみこと》
神武天皇

第十章

秀真伝の検証

第五章でご紹介した秀真文《ほつまぶみ》は、「秀真伝《ほつまつたえ》」という古文書に使われているので、この章では秀真伝の内容を検証したいと思います。

秀真伝は、『安曇川町史』（安曇川町史編集委員会：編）という本によると、近江国高島郡（現在の滋賀県高島市）にあった産所村三尾神社に伝わる古文書で、これに書かれていたのは、大田田根子が第十二代景行天皇に提出した古代の記録なのだそうです。

この古文書を研究した正木昇之助氏と小笠原長弘氏は、『近江国高島郡産所村三尾神社神宝　秀真伝』という写本を明治七年に宮中に奉呈し、その後、昭和四十一年に、松本善之助氏が神田の古本屋でこの写本を入手したことがきっかけで、秀真伝が広く世間に知られるようになったそうです。

さて、ここからは、小笠原長弘氏の伯父の研究成果である『神代巻秀真政伝』（小笠原通当：原著、鳥居礼：訳註）という本を参照しながら秀真伝の検証を行ないたいと思います。

この本を見てまず気がつくことは、秀真文の五十音図の**あ**行と**わ**行が間違っていることで、**わ**行の**ゐ**、**う**、**ゑ**、**を**が**あ**行に配置され、**あ**行の**お**が**わ**行に配置されているので、第五章の【土牘秀真文　あいうえお順】に示した正しい音図に読み替える必要があります。

例えば、本文中に秀真文の名称が璽（**を**しで）であると書かれているのですが、正しくは「**お**しで」で、『大日本国語辞典』によると、おしで（押手）は「古昔、朱・墨を掌に塗りて、押して印としたること」とあるので、秀真文の署名を印章として使用していたことがこの名前の由来のようです。

また、第二十一紋（あや＝章）の一部が秀真文で書かれている写真があるのですが、そこには原著者が翻訳した振り仮名がついているので、これらを本文中の読みと比較すると次のようになり、翻訳の際の間違いと、本文中の間違いが多重に存在していることが分かります。

秀真文：**ゐ**た**わ**りを　しらね**は**かみは　とり**ゐ**ぬぞ　ほつま**を**なめて　とり**ゐ**なりけり

翻訳文：**い**たはり**を**　しらね**ば**かみは　とり**い**ぬぞ　ほつま**を**なめて　とり**い**なりけり

本文中：**い**た**は**り**お**　しらね**ば**かみは　とり**ゐ**ぬぞ　ほつま**お**なめて　とり**ゐ**なりけり

もっとも、「ゐたわり」を「いたはり」（労り）とし、本来なら欠落しているはずの**わ**行の**ゐ**を使って本文中だけ「とりゐ」（鳥居）としたのは、古語として意味が通じるよう故意に意訳した可能性がありますから、必ずしも間違いではないのかもしれませんが、いずれにしても、この本で仮名遣いの乱れを調べることは無意味なようです。

なお、この本には**わ**行に欠落がない五十音図も掲載されているのですが、この図は**あ**行にも欠落がないため、第七章で考察したように、**や**行の**え**が**あ**行に移動した平安時代中期以降に偽造されたのではないかと思われます。

次に、秀真伝は四十紋から成り、基本的に五七調の長歌で綴られているのですが、これは大いに気になる部分で、『柿本人麿』（斎藤茂吉：著）という本によると、万葉集の長歌が最高潮に達したのは柿本人麿の時代（七世紀末）なのだそうです。

一方、古事記や日本紀を見ると、景行天皇の時代（四世紀頃か）には音の数にこだわらない歌がたくさんあり、例えば、景行天皇の皇子、倭建命《やまとたけるのみこと》が詠んだとされる次の歌が古事記に収録されています。

夜麻登波　久爾能麻本呂婆　多多那豆久　阿袁加岐夜麻　碁母禮流　夜麻登志宇流波斯

やまとは　くにのまほろば　たたなづく　あおかきやま　こもれる　やまとしうるはし

また、第十一紋の天照大御神の勅《みことのり》に、「な**ん**ぢ」、「か**ん**がみよ」、「は**ん**べりて」と、

んが三回使われているのも引っかかるところで、特に「かんがみる」は、『大日本国語辞典』によると「かがみる」の音便で、鎌倉時代に書かれた「古今著聞集」から例文が引用されているので、古代の言葉ではないようです。

さらに、『神代巻秀真政伝』には載っていませんが、インターネット上の情報によると、第十三紋には「めかけ」（妾）という言葉が使われていて、これは比較的新しい言葉だという指摘があるそうです。

確かに、『変態風俗の研究』（田中祐吉：著）という本によると、古代社会は母系制で、結婚も「招婿婚」（あるいは妻問い婚）といって、夫婦が同居するのではなく、夫が妻の実家を訪問する形態が一般的だったそうですから、そもそも古代には妾という概念が存在しなかったでしょう。

したがって、五七調にこだわり、「かんがみる」や「めかけ」といった単語を使う秀真伝は、とても景行天皇の時代に編集されたとは思えないのです。

表記の問題はこれくらいにして、次は書かれている内容ですが、天照大御神の寿命が百七十三万二千五百歳と書かれていることから、日本紀との整合をとろうとした意図が見受けられます。

というのも、『日本紀標註』（敷田年治：著）という本によると、日本紀には、神武天皇が「天祖降跡りましてより《あめみおやあまくだ》以逮《このかた》、今におきて一百七十九万二千四百七十余歳なり」と語る部分があるからです。

これは、秀真伝が日本紀の原書であると主張する意図があるのかもしれませんが、百七十三万年を超える寿命を保った人間がいたとは信じられませんし、その間の出来事の記録が貧弱なため、かえって収拾がつかない事態に陥っているように見受けられます。

ただし、秀真伝のすべてを後世の人の創作と考えるのは無理があるかもしれません。

例えば、この本の解説によると、秀真伝では、関東・東海周辺を秀真国とよび、富士山麓に宮（皇居）があったとするなど、天照大御神以前の古い時代の様子は東日本を中心に描かれているのですが、これは縄文時代の遺跡が東日本に集中していることと符合していると考えることもできそうです。

秀真伝が仮に江戸時代に編集されたものであったとしても、縄文時代の遺跡に関する知識はその当時にはなかったはずですから、これはひょっとすると、秀真伝が縄文時代の記憶を伝えているということなのかもしれません。

また、インターネット上に秀真伝の情報を公開している「株式会社日本翻訳センター」のサイトを見ると、古事記や日本紀に名前だけ登場する原初の神々（例えば、古事記に登場する国之常立神、豊雲野神、於母陀流神、等）が、秀真伝ではとても具体的に描かれているのですが、それは彼らがかつて東日本に実在した縄文時代の有力者たちだったからなのかもしれません。

第十一章

「上記」の検証

第六章でご紹介した豊国文字は、「上記《うえつふみ》」という古文書に使われているので、この章では「上記」の内容を検証したいと思います。

まず、「上記」の原文を収録した『ウヱツフミ』（神代文化研究会：編）という本を見ると、「上記」は豊国文字の新字体で記述されているので、新字体が完成した時期（第七章で考察したように、私の推測では平安時代中期）以降に編集されたと思われます。

これは、あ行のi、u、eが使われていることからも間違いないと思われますが、「解題」と書かれたこの本の前文には、「宗像本を本とせる本書は、聊か幸松氏内藤氏黒野氏等の手心加はり居るにはあらざるかと思はるる箇処なきにあらず、又文字の使ひ様に不審の箇処あり、……」と書かれているので、仮名遣いの乱れを厳密に論じることはあまり意味がなさそうです。

次に、「上記」を要約した『上記鈔訳　歴史部』を読むと、「上記」の最大の問題は、第九章でご紹介した鵜草葺不合命（うがやふきあえずのみこと＝神武天皇の父）の子孫が、七十二代にわたって同じ名前を名乗り、神武天皇は七十三代目だとする記述があることだと分かります。

これは、第九章で考察した天孫降臨の時期（約二千年前）と整合しませんし、歴代の王の古墳などの物的証拠も存在しませんから、架空の物語をでっち上げたと考えることもできるでしょう。

しかし、この鵜草葺不合王朝では、王が急死したり、娘が王位を継承して婿を迎えたり、世継ぎが生まれなかったりと、現実にありそうな歴史が繰り広げられているので、何らかの史実を反映している可能性は否定できないと思われます。

そこで、これを大和朝廷と並行して存在した九州の王家、すなわち、神武東征後も九州にとどまった神武天皇の兄弟の一族に関する記録と考えれば、それほど不自然ではないのかもしれません。

そして、彼らが現在の宮崎県北部にある高千穂峡周辺に移住したため、そこで再度天孫降臨伝説が発生したと考えると、高千穂が二か所存在することも説明がつきますし、「上記」が大分県で発見されたことにも納得がいくのではないでしょうか。

実は、この考えを支持する記述が「上記」にあります。

「上記」の第二十六綴りに、この王朝の第十五代目の出来事として「くだら」という言葉が出てくるのですが、これは前後の文脈から「百済」を意味していることは明らかで、百済は西暦三四六年に建国され、西暦六六〇年に滅んでいるので、この王朝が神武天皇以前の王朝であるとすると矛盾が生じます。

しかし、二代目が神武天皇と同世代（西暦一〇〇年頃）の人物であれば、一世代二十五年として、二十五×十四＝三百五十なので、十五代目は西暦四〇〇年代中期の人物となりますから、矛盾は解消します。

もし、「上記」が高千穂峡周辺に移住した鵜草葺不合命の子孫の記録であるとするなら、当然その人たちには巨大な古墳を築くような力はなかったでしょうから、存在の痕跡をたどることができなくても不思議ではありません。

また、「上記」には古そうな単語が多く、特異な風俗習慣や伝説なども豊富に収録されているので、「上記」のすべてが後世の人による創作だと考えるのは無理があると思われます。

このことは、「上記」の内容を精査した『上記研究』（田中勝也：著）という本にも書かれていて、それによると、おえみ（毒）、けち（区別）、しば（時刻）、つつ（星）、づる（出る）、にる（入る）、はにふる（侍る）、へつゐ（かまど）、まかたち（侍女）、もう（思う）、わしる（走る）、等の古語が使われていたり、海辺に産屋《うぶや》を建てて出産する風俗が詳しく描かれているそうです。

したがって、「上記」は偽書ではありますが、そこには古代の記録が埋もれている可能性があり、特に天孫降臨以降の歴史や風俗を知る貴重な資料なのかもしれませんから、今後の研究によって新たな発見が期待できます。

最後に、「上記」の第十綴に豊国文字（旧字体）の五十音図をつくった神様のことが書かれているので、ご紹介しておきましょう。

それによると、「やこ、ろあめのをもいかねのみこと」が**あ**行の五文字を定められ、「を、やびこのみこと」が残る四十五文字を描かれたので、この大神を「**いそ**たけるのみこと」と申し上げたそうです。

ところで、日本紀には、日本中に木を植えた、紀伊国（きのくに）の「五十猛命」（**い**たけるのみこと）が登場しますが、なぜ「五十」を「い」と読むのか、その理由について調べてみました。

まず、『日本語源』には、五十音について、「五十音につきては先哲の説多し。中について堀秀成の説を摘記すれば、音は五十あるものなれば五十を息（**い**）といふなり」と書かれています。

また、『日本古語大辞典』の「息」の項目を見ると、「気息を意味する原語は**い**で、之に活用語尾**き**が結びついて呼吸を意味する**いき**といふ語が出来たもの、やうである。其故に息吹を**いぶき**といひ、**い**（気息）の霊（**ち**）といふ意を以て**いのち**（生命）といふ語が分派せられたのであらう」と書かれています。

つまり、古代には息を「い」と言っていて、五十音図が普及して日本語の発音の基本が五十音であるという認識が広まった結果、五十を「い」と読むようになったようです。

これを前述の話と統合すると、かつて、五十音図をつくられた「をゝやびこのみこと」を「**いそ**たけるのみこと」と申し上げたが、その後、五十音図が日本中に広まって「五十」を「い」と読むようになったため、「**い**たけるのみこと」と申し上げるようになったと考えられます。

古事記には、木国（きのくに）の大屋毘古神《おほやびこのかみ》が登場しますが、これまでの話から、この神様が日本紀に登場する紀伊国の五十猛命であることがとてもよく理解できますから、「上記」は古事記や日本紀を解読する際の参考文献としても非常に価値があると思われるのです。

第十二章
竹内文献の検証

第六章でご紹介した「古代文字石」以外にも、何か神代文字が刻まれた遺物がないか、国立国会図書館デジタルコレクションの蔵書を検索していたところ、『皇祖皇大神宮御神宝の由来』（神宝奉賛会：編）という本に載っている「神籬立瓶《ひもろぎりっぺい》」と称するものを発見しました。

これは、阿比留文字が刻まれた土器で、神籬《ひもろぎ》とは、『大日本国語辞典』によると「上古、神祭の時、清浄の地を選び、常盤木を植ゑて神座とせしもの」とのことなので、榊のような常緑樹を立てるための瓶として使われたようです。

しかし、どうやらこれは後世に偽造されたもののようです。

というのも、この本を出版した神宝奉賛会の総裁である竹内巨麿《たけうちきよまろ》氏は、『司法研究報告書第二十一輯八』（司法省調査課：編）という本によると、「多種多様の古文書、古器物等を偽作し」たとされる人物だからです。

それによると、竹内氏は、重症の脚気を治すため、御嶽教《おんたけきょう》に入信して修行者となり、明治三十三年に御嶽教天津《あまつ》教会を開設して天津教を創始し、布教のため、修行中に修得した神代文字を利用して数々の「御神宝」を偽造したとされています。

阿比留文字が刻まれた神籬立瓶
（『皇祖皇大神宮御神宝の由来』より）

また、『皇祖皇大神宮御神宝の由来』によると、写真の土器は「幾千萬年」伝えられてきたとされていますが、それだけの長期間、土器が無傷で残っているとは考えにくく、素人目にも怪しいことは疑いようがありません。

ところで、竹内巨麿氏は、「竹内文献」という古文書を発表したことで有名で、この文献は、「上記」「宮下文献」とともに日本三大奇書とよばれているもので、宮下文献は次章でご紹介するとして、ここでは竹内文献について内容を検証してみましょう。

竹内文献は、太古の歴史を記述したとされる古文書で、現在では『定本　竹内文献』（武田崇元：著）という本によってその全貌を知ることができます。

ただし、古文書といっても大部分が現代語に翻訳されていて、神代文字の部分はほんの少ししかありませんし、系図が延々と続くので、「上記」のような内容を期待して読むと失望するかもしれません。

また、天皇家の始祖を「百億万年」という途方もない時間の単位でさかのぼって記述してあり、他者の追随を許さないという意味では確かに「奇書」ですが、残念ながら、この本には日本の古代史を解明できるような資料は見あたらないようです。

さらに、専門家が現物の写真を見て詳細な解析をした『天津教古文書の批判』（狩野亨吉：著）という本が青空文庫で閲覧可能なのですが、これを読むと、歴史上の有名人の真筆と称する文書がすべて稚拙で近代風であったり、明治維新以降に明らかになった歴史的事実が述べられていたりするので、偽造されたことは明白なのだそうです。

ちなみに、著者の狩野亨吉氏は、神代文字に関する知識がないのに、推論だけで未知の文字（豊国文字）で書かれた原文を解読しており、その頭脳の明晰さには驚かされます。

さて、ここまでお読みになったかたは、竹内文献や天津教の御神宝は全然信用できないとお思いでしょうが、実は『司法研究　報告書第二十一輯八』には、竹内氏が、神代文字で書かれた古文書一巻と、同じく神代文字が刻まれた劔《つるぎ》大小二振を養祖父から相続したと書かれています。

これは、司法省の役人が神代文字の存在を認めていたということであり、ひょっとするとそれらは貴重な資料だったかもしれないわけですが、今となってはそれが何だったのか不明であり、残念なことです。

もし、竹内氏が偽造などに関与せず、相続した資料を正直に公開していたら、日本の歴史が変わっていたかもしれません。

第十三章

宮下文献の検証

『古神道の本』（学習研究社：編）によると、宮下文献は、富士吉田市郊外にある小《こ》室浅間神社《むろせんげんじんじゃ》の宮司である宮下家に伝わる古文書で、秦の始皇帝の時代（紀元前二二一年〜紀元前二一〇年）に不死の妙薬を求めて日本に渡来した徐福が、富士山麓の阿祖山太神宮の古伝をまとめたのがその起源だそうです。

そして、宮下文献の現代語訳である『神皇紀』（三輪義熈：著）によると、高天原は富士山北麓にあり、そこは太古の昔から日本の都だったそうですが、延暦（西暦八〇〇年頃）の大噴火によってすべてが溶岩の下に埋もれてしまったのだそうです。

この『神皇紀』には、太古の時代の富士山周辺の地形の変化なども地図として記録されていて、例えば次の図は、地神五代（天照大御神以降の五代）の時代の高天原周辺の略図で、中央が富士の火口、上の黒い部分が昔の富士五湖だそうです。

もっとも、富士山北麓に都市があったことを証明するには、遺跡を発掘するしかありませんが、富士山は何度も大噴火を起こしていて、溶岩や火山灰の厚みも相当なものでしょうから、発掘は非常に困難だと思われます。

そこで、検証可能な記述として、五十一代、二千年以上にわたって続いたとされる

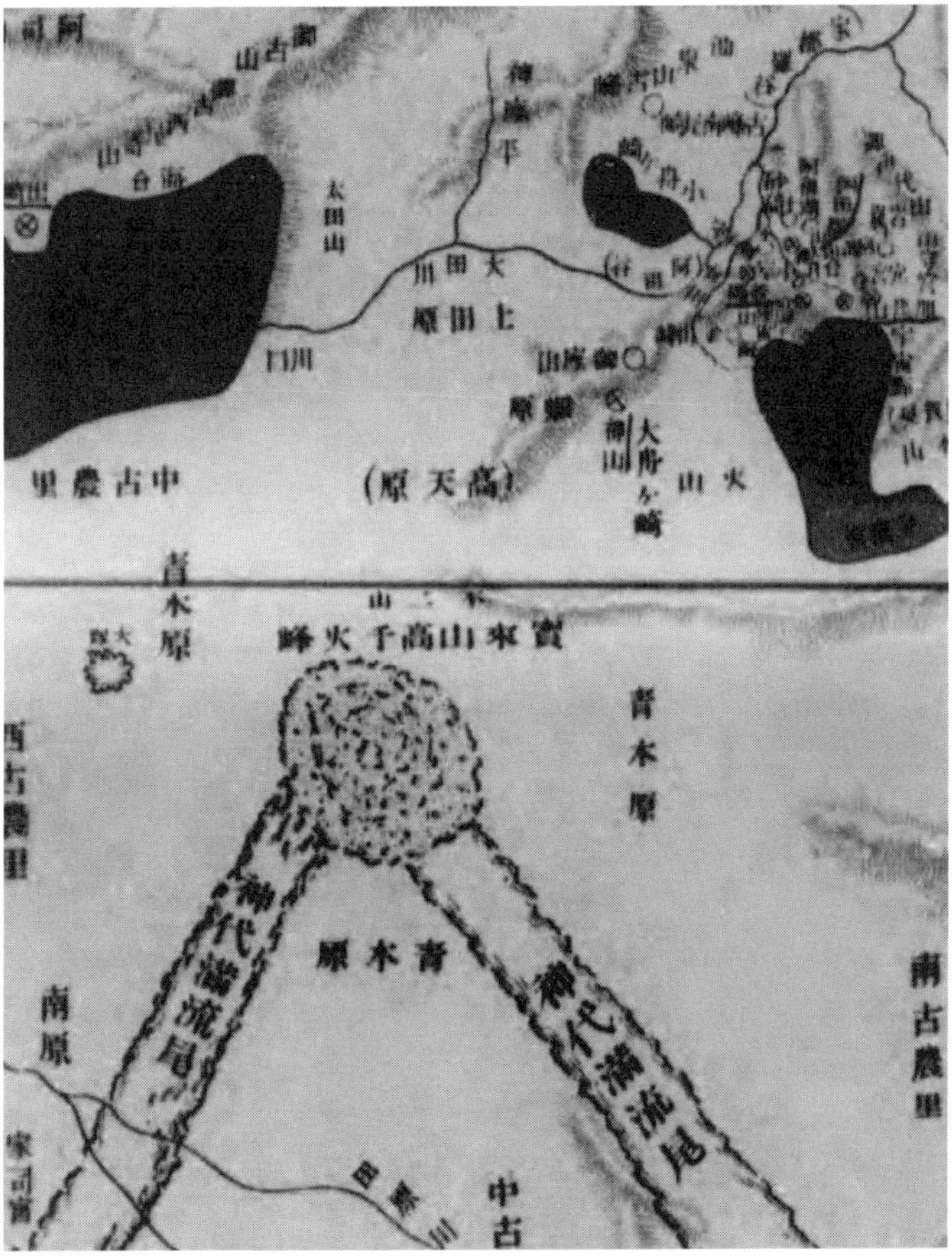

富士山北麓の高天原
（三輪義熙：著『神皇紀』より）

鵜草葺不合王朝を取り上げてみましょう。（なお、「上記」では、この王朝は七十二代続いたとされています。）

『神皇紀』によると、鵜草葺不合王朝では、三十八代目と四十八代目は先代の王の弟が後継者となったものの、それ以外は必ず先代の王の実子が後継者となっていて、王は死ぬまで統治し、王が妃より先に死んだ場合は妃が死ぬまで摂政を務めていて、歴代の王の寿命と統治期間、および、妃の摂政期間が精密に記録されています。

そこで、n代目の王の寿命を**x（n）**、統治期間を**y（n）**、妃の摂政期間を**z（n）**、王が生まれてから後継者が誕生するまでの期間を**s（n）**とすると、次の図に示すような関係が成り立つので、この関係式を用いて、歴代の王について、その王が後継者を得るまでの期間を求め、長寿であること以外の不自然な部分を抽出してみました。

なお、単位は、三十三代目までは根（三〇〇日）で、三十三代目の三十六根のとき

後継者を得るまでの期間を求める計算式

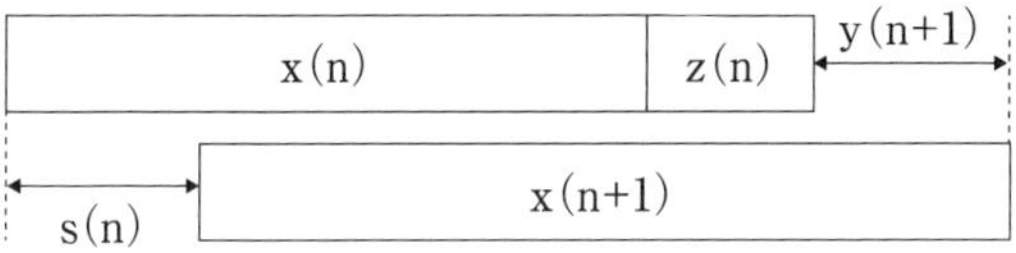

$$s(n)=x(n)+z(n)+y(n+1)-x(n+1)$$

x(n)：n代目の王の寿命
y(n)：n代目の王の統治期間
z(n)：n代目の王の妃による摂政期間
s(n)：n代目の王が後継者を得るまでの期間

に、単位が根から年（ただし、月の周期の十か月なので、二九五日か）に変更されています。

これを見ると、父親より早く生まれた子が七人（数値がマイナス）、父親が九根（約七歳）のときに生まれた子が二人（一人は、この表には載せていませんが、三十九代目の子です）、父親が百二十二根（約百歳）以上の高齢になってから生まれた子が十人いて、どうやら計算の苦手な人が適当に数字をあてはめたように見受けられます。

しかも、この間（私の計算では約二二四〇年間）、地震に関する記述が二回しかなく、噴火、津波、日食に関する記述は一切ありません。

これは、精密な王位継承の記録に比べていかにも不自然であり、竹内文献と同様、架空の物語を

宮下文献の問題点　不正確な皇位継承の記録

n代目	王の寿命 x(n)	統治期間 y(n)	摂政期間 z(n)	後継者を得るまでの期間 s(n)
1	450	277	20	230
2	371	131	0	211
3	305	145	0	215
4	140	50	30	22
5	203	55	0	**−8**
6	251	40	22	133
7	198	58	0	97
8	143	42	0	**−12**
9	218	63	0	102
10	163	47	23	122
11	89	25	20	**−107**
12	259	43	0	179
13	128	48	25	**−4**
14	193	36	15	62
15	176	30	40	29
16	228	41	22	149
17	137	36	22	49
18	137	27	20	69
19	108	20	20	**−95**
20	243	20	13	183
21	108	35	13	**−99**
22	260	40	0	134
…	…	…	…	…
30	132	42	0	9
31	173	50	0	**−24**
32	240	43	0	145
…	…	…	…	…

（三輪義熈：著『神皇紀』より）

でっち上げた可能性が高いと思われます。

また、『寒川神社志』（寒川神社：編）という本によると、この宮下文献に寒川神社のことが書かれているので、その文章を参考として載せているのですが、「前後偽作の点掩《おお》ふ可からざるものあり」という但し書きがあり、寒川神社の関係者が見てもねつ造は明らかだったようです。

以上のことから、私は宮下文献を偽書と判断しますが、それにしても、誰が何の目的でこういったものを創作したのか、不思議な話です。

強いて理由を考えるなら、かつて富士山周辺で生活していた古い集団の断片的な記録や言い伝えを継承していた人が、「上記」を読んでインスピレーションを受け、壮大な王朝史にまとめ上げたのでしょうか。

そう考えると、この文献のどこかに真実の記録が眠っている可能性までは否定できないのかもしれません。

第十四章
むすび

日本語研究者の多くは、神代文字の存在を明確に否定していますが、彼らは、それが存在しないことを証明するためにいったいどれくらいの労力を費やしたのでしょうか。

私がなぜこんなことを考えるかというと、それは、一般的に何かが存在しないことを証明するのは非常に困難であり、逆に、それが存在することを証明するのは比較的簡単なことだからです。

例えば、宇宙人が存在しないことを証明するためには、広大な宇宙のあらゆる場所に探査船を送って調査することが必要だと考えられますが、これには膨大な予算と時間が必要なため、たとえ技術的に可能であったとしても実行することは事実上不可能です。

一方、宇宙人が存在することを証明するには、知り合いの宇宙人を連れてくるだけでいいので、存在しないことを証明するよりもはるかに簡単なのです。（知り合いに宇宙人がいればの話ですが！）

このことは神代文字についても同様で、神代文字が存在しないことを証明するためには、日本中の神社や仏閣、古文書を所有する個人などをくまなく調査して、もし「神代文字もどき」が発見されたら、それを科学的に否定することが必要だと考えられますが、これを実行した研究者がはたしてどれくらいいたでしょうか。

　これに対して、神代文字が存在することを証明するには、先人が残してくれた資料に理論的な裏付けを加えるだけでよかったので、阿比留文字と秀真文に関しては、**や**行の**い**、**え**と**わ**行の**う**が**あ**行に移動していないことを根拠に、これらが神代文字であることを証明することができたのではないかと思います。

　また、豊国文字に関しては、古代文字石という物的証拠を根拠に、その旧字体が神代文字であることを証明するとともに、カタカナの起源に新字体が関係していることも明らかにすることができたのではないかと思います。

　なお、神代文字否定論者の説については、『国語学概論』（亀田次郎：著）という本にその概略がまとめられているので、参考までにご紹介しておきましょう。

1. 古代に文字がなかったと書かれている文献が存在すること。（古語拾遺、新撰姓氏録、本朝文粋、筥崎宮記）
2. 稗田阿礼が記憶していた古伝から古事記を編集したように、古代にはまだ文化があまり発達しておらず、文字などを顧みることがなかったと推定されること。
3. もし神代に文字があったのなら、なぜ理解しにくく書きにくい漢字が神代文字を圧倒し去ることができたのか説明できないこと。
4. 阿比留文字、秀真文等の字形構造はみな朝鮮文字（ハングル）とまったく同一であり、後世に輸入された疑いがあること。
5. 絵画、象形の時代を踏まずに、直ちに高等な写音文字を上古に発明できたとは到底信じられないこと。

これらに対して反論すると、1に関しては、神代に文字があったと書かれている文献（釈日本紀、神代巻口訣）も存在するので無意味な議論となっていますし、2も単なる憶測にすぎません。

３に関しては、明治維新以降の西洋崇拝と同じで、当時は国字をローマ字にすべきだと真面目に主張する人も多くいたそうですから、大陸の文化に圧倒された古代の人たちが神代文字を廃止して漢字を採用したとしても不思議ではありませんし、日本人には複雑な漢字を容易に習得するだけの高い知能があったというだけの話でしょう。

４に関しては、これまで論じてきたように、阿比留文字と秀真文は、古事記・日本紀の編集時期よりもはるかに古い時代につくられたと考えられますが、一方、『朝鮮語学史』（小倉進平：著）という本によると、ハングルが公布されたのは西暦一四四六年だそうですから、「後世に輸入された疑いがある」という主張は成立しません。

また、５に関しては、宇宙空間を調査したこともない人が「宇宙人が存在するとは到底信じられない。」と言っているのと同じで、ただの感想ですから、論じる価値さえないものです。

現在では、古代の日本は未開の地で、文化的なものはすべて大陸からもたらされたとする考えかたが主流ですが、本書によってそういった卑屈な考えかたが少しでも修正されれば幸いです。

また、日本には、非難されることを恐れて公開されていない神代文字の資料がまだ存在するのではないかと思われますが、もし本書がその非難を防ぐ盾となることができるなら、望外の喜びです。

巻末付録

付録一　古代文字石の解読情報

第六章でご紹介した古代文字石について、自分でも文字を解読してみたいという人のために、『上代神都高千穂研究資』に掲載されている拓本の画像をネガポジ反転して添付しましたので、よかったらご覧ください。

なお、これらの画像には、吉良義風氏の解読結果を参考に私が若干修正した読み仮名をつけていますが、阿比留文字の五十音図にならって、**あ**行は「あｉｕｅお」で表示し、**い**と**え**は**や**行、**う**は**わ**行に属するものとします。

また、『上記鈔訳　歴史部』によると、数詞の「ひふみ」は漢数字の「一二三」と酷似しており、「よ」は「王」という漢字に似ていて、さらに「命《みこと》」を表わす文字として「王」の縦棒を二本にしたような文字が使われています。

最後に、拓本にはうまく転写できていない部分があるので、これを補うため、『上記鈔訳　歴史部』に掲載されている拓本の模写と思われる画像もネガポジ反転して添付しましたので、併せてご覧ください。

古代文字石　1〜3行目

旧　そ

中　み　み　み　み

新　ぢ　き　か　づ　か

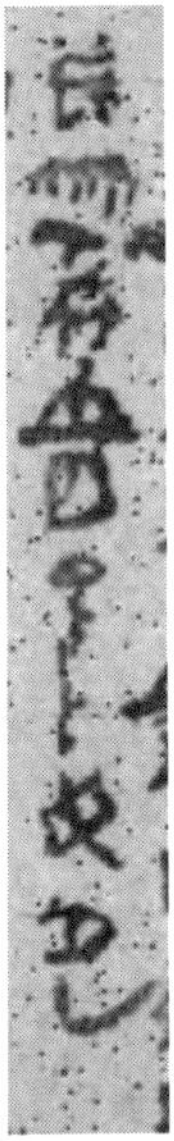

旧　と　ほ　え

中　み　み

新　け　か　を　これの

旧　わ

新　u　つ　は

（画像は『上代神都高千穂研究資』より）

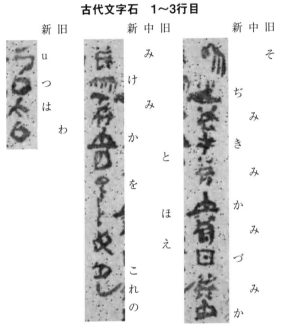

古代文字石　4～6行目

旧 ほ あ り あ め わ と
中 i
新 の か の 命 こ れ の の

旧 り と あ そ そ
中 に ま
新 こ も す き の び の

旧 え と お、 わ
中 に ま み み
新 な つ る一 つ の か、

（画像は『上代神都高千穂研究資』より）

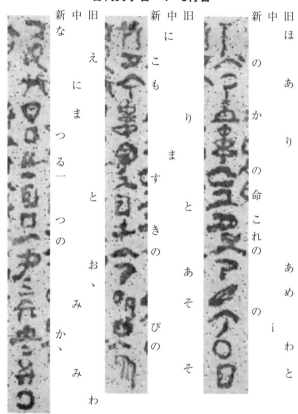

古代文字石　7〜9行目

旧　めとてあめ
中　みみみましi
新　すを、かのたの

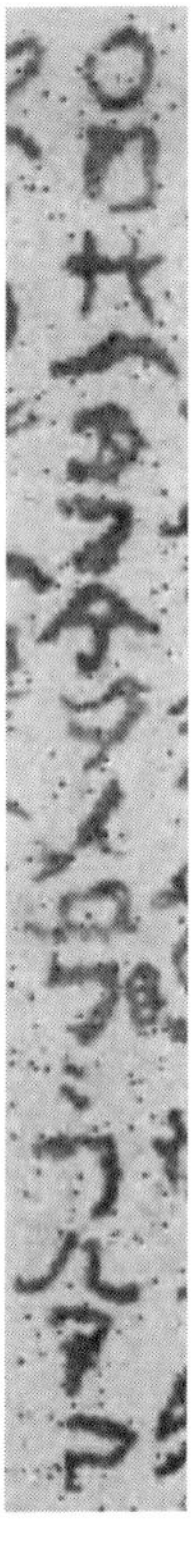

旧　わとちあ
中　にしiし、
新　のごもだなるを

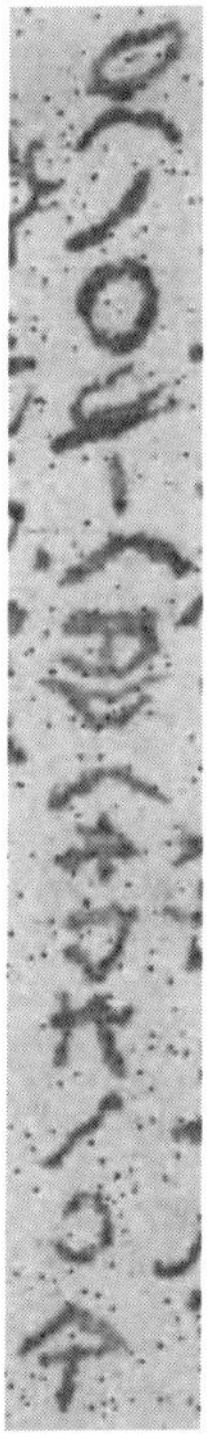

旧　めわちわ
中　iやしにi
新　のどのこのきも

（画像は『上代神都高千穂研究資』より）

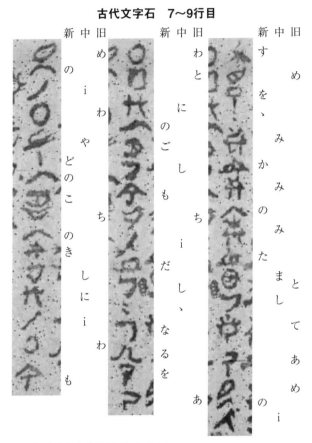

古代文字石　10～12行目

旧　て　て、
中　に
新　四びら　た

旧　し
新　かく　を

旧　なり
新　く

（画像は『上代神都高千穂研究資』より）

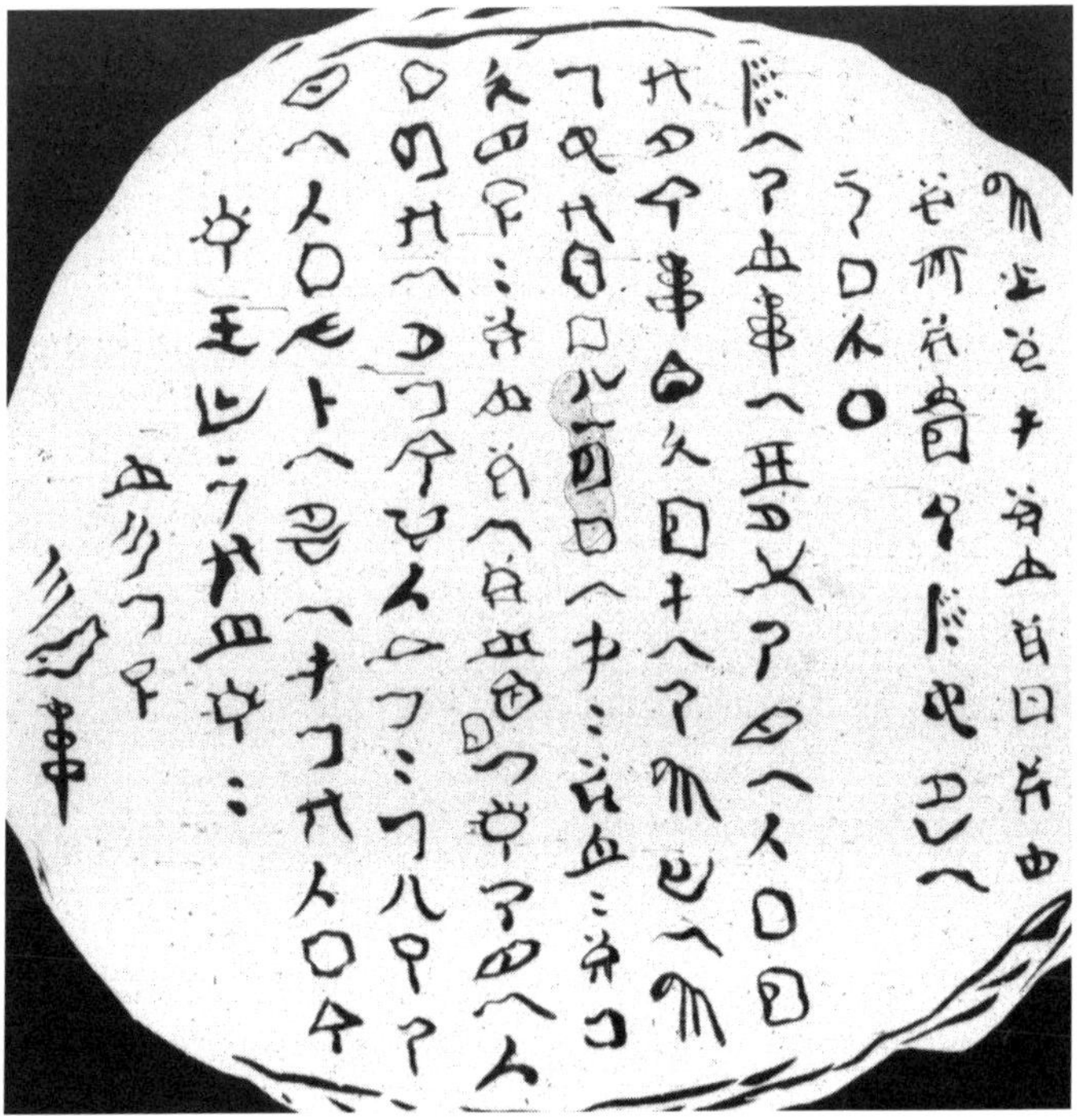

古代文字石の模写

（吉良義風：抄訳『上記鈔訳歴史部第一』より）

付録二　天名地鎮文字

『神字日文伝』には、多くの神代文字が収録されていますが、阿比留文字や秀真文とよく似た構成の文字に、次の図のような天名地鎮《あないち》文字があります。

なお、天名地鎮文字は、『日本古代文字考』によると、阿奈伊知文字、あるいは六《む》行成字《さしもじ》ともよばれるそうですが、この本に収録されているものは若干書体が異なっています。

ところで、この図をよく見ると、**さ**行の**し**～**そ**が**な**行に、**な**行の**に**～**の**が**さ**行に、**や**行の**い**が**わ**行に、**わ**行の**ゐ**が**や**行に、それぞれ間違って配置されているように思われるので、参考までに、あいうえお順に並べ直して配置を修正した図も添付しておきます。（なお、検証できるよう、振り仮名は修正していません。）

もしこういった修正が認められるとするなら、あるいは逆に、私が間違っているのであるなら、それは文字自体の紛らわしさが原因だと考えられますから、この文字はとても実用には耐えられなかったのかもしれません。

天名地鎮（あないち）文字

（平田篤胤：著『神字日文伝』より）

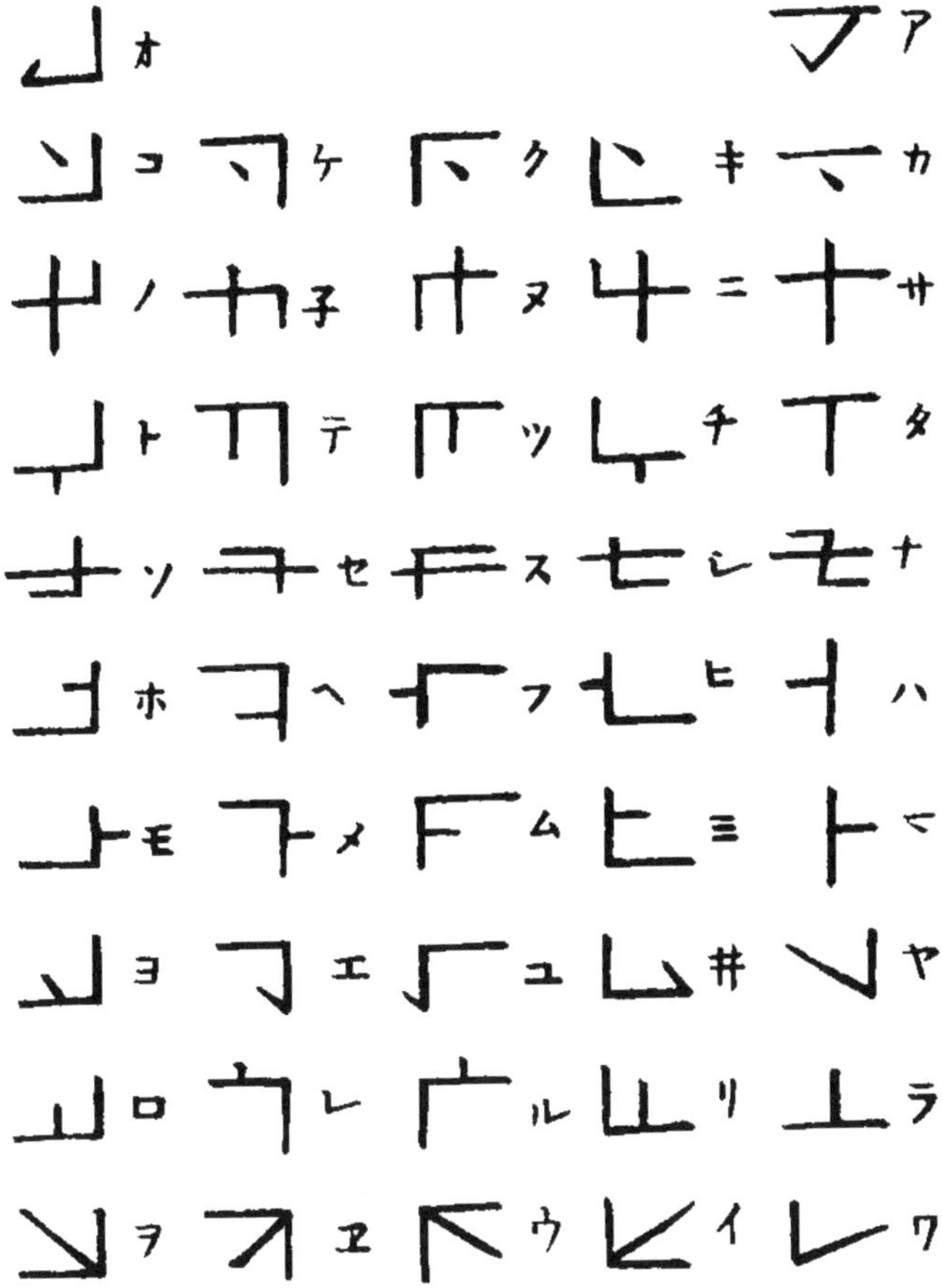

配置を修正した天名地鎮文字
（平田篤胤：著『神字日文伝』より）

付録三　古代日本語の発音

本編では、五十音（正確には四十七音）の位置が時代とともに変化したことをご紹介しましたが、『「五十音図」の根本研究』には、日本語の発音の変遷が書かれていて、発音自体も不変ではなかったようです。

それによると、平安時代初期にはHの発音が存在しなかったため、HをKに置換して、「摩訶」（**maha**）を**まか**（**maka**）、「海」（**hai**）を**かい**（**kai**）、「喜」（**hi**）を**き**（**ki**）、「胡」（**ho**）を**こ**（**ko**）と発音し、現在に至っているそうです。

また、漢文に登場する笑い声の「呵々」を、当時の人は「かか」と記述し、「からから」と訳していますが、漢字の原音は「**haha**」なので、実際には当時の人も現代人と同じように「はは」と笑っていたと考えられるそうです。

それでは、**は**行はどういう発音だったかというと、多くの学者の研究結果から判断

江戸時代中期（1731年）の五十音図
（山田孝雄：著『五十音図の歴史』より）

して、平安時代初期には大体F（唇音）であったと考えられるそうですが、次の図（『五十音図の歴史』に載っている西暦一七三一年の五十音図）に示すように、江戸時代中期においても**は**行は唇音だったので、この状態が九百年以上は続いたようです。

また、平安時代後期には、語中と語末においては一般に**は**行音が**わ**行音に転呼されるようになり、例えば「行くへ」が「行くゑ」に、「とほく」が「とをく」に、「なほさり」が「なをさり」に、「うひうひし」が「うゐうゐし」に、「たふとく」

が「たうとく」になったそうです。
逆に、もっと古い時代においては、**は**行はＰ（破裂音）だったと考えられるそうで、「一遍」（**ippen**）、「金比羅」（**kompira**）といった言葉にＰ音が保存されていることや、安土桃山時代のキリスト教宣教師が「一心不乱」を**ixxinpuran**（いっしんぷらん）と綴っていることを紹介しています。

そこで、般若心経の「摩訶**般**若**波**羅蜜多」（まか**は**んにゃ**は**らみった）の発音を調べてみたところ、『心経講話』（岸和田天籟：著）という本には、摩訶は「マハー」、般若は「プラジニャー」または「パンニャー」、波羅蜜多は「パーラミター」であると書かれています。

確かに、「般」や「波」という漢字については、現代でも「一般」（いっぱん）、「寒波」（かんぱ）などと発音しますから、**は**行がＰ音だったという説は説得力があるように思われます。
そう考えると、般若心経が日本に輸入された当初、日本人は「摩訶般若波羅蜜多」

を原音に近い発音で読むことができたのかもしれません。

〈著者プロフィール〉

山本 信夫（やまもと のぶお）

1959年生まれ。岡山県出身。

京都大学工学部電子工学科卒業。京都大学大学院工学研究科修士課程修了。

民間企業にて「追記型光ディスク」「光磁気ディスク」の研究開発、半導体検査装置のソフトウェア開発等に従事。

その後、2003年にはヨガスタジオをオープンし、ホットヨガを教える。

2011年にヨガスタジオを閉じたのち、がんの治療法に関する文献調査をしながら、ブログ「がんに克つ」を執筆。

2020年3月、『がんを治したスゴイ日本人』を出版（電子出版）。

2020年9月、『西洋医学　間違いだらけの治療法』を出版（電子出版）。

神代文字と五十音図の真実

2021年7月12日　初版第1刷発行

著　者　山本 信夫
発行者　韮澤 潤一郎
発行所　株式会社 たま出版
〒160-0004　東京都新宿区四谷4－28－20
☎ 03-5369-3051（代表）
FAX 03-5369-3052
http://tamabook.com
振替　00130-5-94804
印刷所　株式会社エーヴィスシステムズ
組　版　マーリンクレイン

ISBN978-4-8127-0451-6　C0011